障害のある人の支援計画

谷口 明広・小川 喜道・小田島 明・武田 康晴・若山 浩彦／著

望む暮らしを実現する個別支援計画の作成と運用

中央法規

はじめに

　本書を執筆した私たちは、5年前に戸山サンライズにおいて「個別支援計画の作成と運用に関する研修」を始めました。その理由は、都道府県で開催されている「相談支援従事者初任者研修」や「サービス管理責任者養成研修」において、1回のみの演習を受けただけで実践されている専門職の皆さんに対して、より深く学べる機会を提供したいという思いからです。私たちは「どれくらい反響があるのか」と不安を抱きながら始めましたが、それはすぐに驚きに変わりました。研修への参加定員を70名と設定しましたが、応募人数は400人を超えてしまいました。この研修は、5年が過ぎた今でも、3倍の競争率を下回らないほどの高い評価をいただいています。

　国は、2015年3月31日までに、障害者福祉サービス等の利用者全員に対して「サービス等利用計画」を作成しなければならないとしました。2000年に始まった公的介護保険制度では、介護支援専門員が作成する「ケアプラン」を基本にしたサービス提供が義務づけられています。このような仕組みを障害者福祉にも持ち込み、個々人のサービス供給に対して責任を担う専門職を定め、障害のある人たちの安定した生活を保障しようとしたのです。そのような思いとは異なって、「サービス等利用計画」の作成率を上げることや、運営費を得るために「個別支援計画」を作成することに注目が集まり、利用者のニーズを充足させ、望む暮らしを実現させるという原点を忘れがちになっています。

　私たちは、本書に「原点回帰」という願いを込めました。本書には、目新しいことも、画期的なことも書かれていません。5年間に及ぶ研修実践により蓄積された「基本的視点」を明記したものです。本書を読んでみると、自分が作成してきた計画を見直すことができるし、夢のある計画を作成する気持ちになれると信じています。「支援計画」を作成するためのマニュアルとして使用するだけでなく、対人援助の仕事に就いている方々の必携書になったと思っています。

　　　　　　　　　　　　　　　　　　ロサンゼルスのホテルにて　谷口明広

目　次

第1章　本人中心の個別支援とは何か ― 1

第1節　サービス等利用計画と個別支援計画を知る……2
第2節　サービス等利用計画と個別支援計画との関係……9
第3節　本人中心の個別支援計画のポイント……17
　　　　〜望むアウトカムに向けての支援〜

第2章　個別支援を支えるための基本的視点 ― 25

第1節　障害のある人たちへのエンパワメント支援……27
第2節　自己決定を重んじることの重要性……37
第3節　ニーズの構造と探求するプロセスを考える……45
第4節　ストレングスモデルに基づく「本人中心支援計画」……52

第3章　計画作成のプロセス ― 59

第1節　インテーク（初回面接）……61
第2節　アセスメント……71
第3節　サービス等利用計画の作成……80
第4節　個別支援計画の作成と実施……93
第5節　モニタリングと計画の修正とサービスの終了……106

CONTENTS

第4章 計画の作成等を助ける補助的な道具の利用 ——— 123

第1節 補助的な道具の工夫と利用……124
第2節 補助的な道具の具体例……128
第3節 補助的な道具の利用に関する配慮事項等……145

第5章 個別支援計画を作成する際に必要な専門性 ——— 147

第1節 ソーシャルワーク実践としての個別支援計画……148
第2節 支援計画作成者に求められるスキル……156

第6章 個別支援計画に関するQ&A ——— 163

カテゴリー1 アセスメントがうまくできない……165
カテゴリー2 個別支援計画がうまくつくれない……167
カテゴリー3 個別支援計画どおりに支援できない……170
カテゴリー4 モニタリングや評価について知りたい……171
カテゴリー5 利用者本人や家族への対応……173
カテゴリー6 職場環境や職員間の連携に困っている……175
カテゴリー7 職員がスキルアップするには……177
カテゴリー8 社会資源との連携……179

日程表

第1章

本人中心の個別支援とは何か

第1節 サービス等利用計画と個別支援計画を知る

1　サービス等利用計画と個別支援計画

　障害者自立支援法が施行された当時から、生活介護や就労支援のサービスを提供している日中活動の場としての事業所は、施設サービスの介護給付や訓練等給付の請求に関して「個別支援計画」を作成することが必須とされてきた。しかし、個別支援計画の重要性やメリットを理解していなかった事業所は、行政に対して必要最低限の計画を作成し、給付を受け取ってきたところも少なくない。このような状況では、例えば、就労支援の好結果を生み出すことができず、グループホームの整備が遅れていることと相まって、施設から地域社会への移行も遅々として進んでいない現状をつくり出す結果となった。

　第二次世界大戦後に整備されてきた障害者関連施設は、措置制度の庇護により、「ゆり籠から墓場まで」という福祉の理想とされた考え方に基づいて、内部完結という形をつくって展開してきた。要するに、障害者施設は外界と関係を持たなくても、十分に成り立ってきたと考えられる。長年にわたり内部完結型支援を展開してきた施設は、「事業所」という名称に変わっても、すぐには新しい考え方へと対応できなかったと考えられる。旧態依然の考え方と安定した財源の確保という観点から、「利用者を囲い込む」という行為が当たり前のように行われてきたし、変化を嫌う人たちの気持ちが加わり、現状としても残っている事業所がみられる。しかし、このような状況を生み出したのは、事業所ばかりに責任があるのではなく、利用者の家族の「死ぬまで同じところで面倒をみてくれると安心である」という気持ちに起因していることも忘れてはならない。こういった長期在所者が存在し、本来、社会人として地域社会で生活できると思われる重度障害のある人たちが、障害者関連施設で一生を終えるのが通常であった。

　このような状況は、約60年間にもわたる措置制度の下では、何の疑いもなく、続いてきた。

（1） 支援費制度から障害者自立支援法へ

　2003年に「支援費制度」という利用契約システムが導入され、利用者本人とサービス提供事業所との間に契約が交わされ、利用者本人の意思というものが尊重されるべきという考え方が主流となってきた。また、2006年に施行された障害者自立支援法においては、同一施設であれば、障害の程度に関係なく、支払われる措置費は同一額であるという措置制度での奇妙な現実に対し、「障害程度区分認定」という判定基準を創設して、サービス単価の改正を実施した。障害の重い人に対しては、相当の介護やサービスを必要とするし、比較的軽度の人は、多くの介護を必要としないと判断し、同じサービスを提供しても、個々人に対する単価が異なることになった。

　障害者自立支援法においては、地域社会で生活する障害のある人たちへの「障害程度区分認定」と「支給決定」というものが大きな鍵を握っていた。この二つのポイントを定めるとともに、行政がコントロールをし手綱を締めることにより、支援費制度で爆発的に拡大した居宅サービス費用を抑制しようとした。

　支援費制度において増大した居宅サービス費用を抑制していくためには、厳密なる障害程度区分認定と支給決定が、障害者自立支援法では必要不可欠なものとされている。このような意図も含めて、2006年に国は図表1-1に示したようなフローチャートを用いて、市町村に対して、支給決定を実施するように指示を出した。障害者手帳の等級よりも「障害程度区分」に重点をおいた制度は、当初は戸惑いが強くあったが、緩やかにスタートしたことにより、好結果を生み出した。市町村の行政担当者が障害程度区分の認定と支給決定を受け持つことになり、一応の公平性が図られることになった。

　しかし、このような流れのなかで、施行前からいわれていた知的障害や精神障害のある人々への障害程度区分が、身体障害のある人たちよりも比較的軽度に出てしまうという傾向は、施行後に明らかになってきた。この傾向は、障害程度区分のみが問題ではなく、それが基本となる支給決定にまで影響を及ぼすことになり、サービス量が足りないということだけではなく、必要なサービスに対しても対象外とされることも発生してきた。さらに、市町村の財政状態により、個々人に対する支給量が低く抑えられるような現実も出てくることになり、障害のある利用者が地域社会で自立した生活を営むことを支援する法律の本意から外れていくものであった。

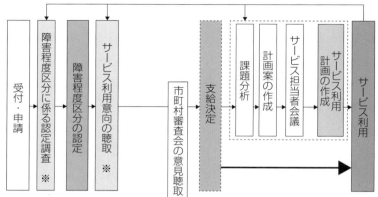

[図表1-1] 障害者自立支援法における支給決定への流れ

※相談支援事業者に委託できる
出典：厚生労働省資料より

（2） 障害者自立支援法から障害者総合支援法へ

　このような問題点を抱えながら、「障害程度区分認定」や「支給決定」のシステムも定着しつつあった2009年の夏に、民主党が政権交代を果たした。その時の民主党が示した「マニフェスト」には、「障害者自立支援法を廃止する」と明記されていた。そこで民主党は、内閣府に「障がい者制度改革推進会議」を設置し、鳩山首相を代表として、障害者団体の長や学識経験者も加えた「障害者自身の意見が反映された新法案」を制定していく方向で動き出した。その会議では、いち早く障害者自立支援法を廃止して、新しい法律である「障害者総合福祉法」を制定することが推奨され、その内容を決定していく流れを受けて、作業部会が組織化され、新法制定の方向へ加速化していった。民主党政権で提示したマニフェストが十分に守られていないという批判や、東日本大震災や福島の原発問題などの課題が山積みではあったが、障がい者制度改革推進会議での議論は進んでいった。

　政府は、この議論の中身を参考にしながらも、独自の法改正を着々と進め、その後、自民・公明党連立政権による政権交代が進むなかで「障害者総合福祉法」という名称を使用せず、障害者自立支援法を改正し、「障害者の日常生活及び社会生活を総合的に支援するための法律」（障害者総合支援法）とする法律を国会に提出し、2013年4月1日から施行させた。

　この法改正の準備として、2012年4月から、「障がい者制度改革推進本部等における検討を踏まえて障害保健福祉施策を見直すまで

[図表1-2]「障害者総合支援法」における支給決定の流れ

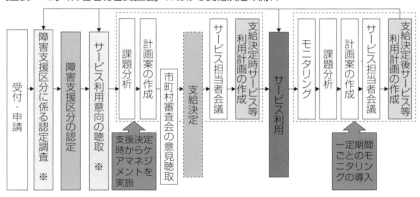

※相談支援事業者に委託できる
出典：厚生労働省資料より

の間において障害者等の地域生活を支援するための関係法律の整備に関する法律」（つなぎ法）が施行され、サービス量の支給決定に至る過程も変化した。それまでは、市町村による支給決定がなされた後で、サービスを利用するための計画を作成していた。この改正では、図表1-2にあるように、支給決定の前に、その根拠となるものとして「サービス等利用計画」案を相談支援専門員が作成することとなった。

　この流れの特徴は、障害程度のみを支給決定の根拠とするのではなく、利用者の「サービス利用意向」を聴取することにより、実際の生活に則した計画作成と支給決定を実現するものになったと説明することができる。この後にも述べるが、支給決定の前後に、相談支援専門員が作成する計画を「サービス等利用計画」といい、サービス利用が開始されるに際し、各提供事業所のサービス管理責任者が作成する計画を「個別支援計画」といい、大別される。

　この2種類の計画が制度上に確立されたことにより、計画的にサービスを受けながら、障害のある人たちの生活が地域社会において保障されるようになった。国は、障害のあるサービス利用者の全員に対して、2015年3月31日までにサービス等利用計画を作成しなければならないとし、作成されない場合には、サービス利用ができなくなるとしている。「障害者総合支援法」が本格実施されてくるなかで、作成を進めるよう都道府県や市町村に働きかけている。計画作成を進めなければならない市町村は、計画を作成する「指定特定相談支援事業所」の数を増やし、作成率を上げていく努力を続け

ている。

ここであらためて2種類の計画について説明しておきたい。

① サービス等利用計画

サービス量の支給決定を実施する際に、その根拠となるものであり、指定特定相談支援事業所の相談支援専門員が利用者の状態や状況をアセスメントして、さらに本人のサービス利用意向を加味したうえで、作成する計画書である。「サービス等」の「等」が意味するところは、フォーマルなサービスのみで組み立てるのではなく、インフォーマルなサービスを加え、家族や知人・友人の支援も受けながら、安心・安全な生活を築き上げることである。この計画は、1週間のサービス利用を計画することが基本ではあるが、本来は人生というものを基本に、利用者の自己実現を可能にしていくような計画を前提に考えることが重要である。単に、生活を成り立たせるためにサービス利用を進めるのではなく、「何をするためにサービスが必要なのか」という観点を意識しておくべきである。

② 個別支援計画

利用者がサービス利用する事業所において、本人のニーズを実現していくためにサービスごとに作成される計画であり、利用者が持参したサービス等利用計画を基本にして、サービス管理責任者が自分の所属する事業所において「自分の事業所では、何ができるのか」を考慮して作成されなければならない。相談支援専門員が実施したアセスメントを参考にしながらも、自分の事業所に対して、利用者が何を求めているのかを基本としたアセスメントをして、計画を作成していかなければならない。

サービス等利用計画から個別支援計画への流れは、次節において詳細に述べるが、複数のニーズがある利用者に対しては、複数の事業所で対応していくことが理想であるといえる。例えば、「1年後に一人暮らしを実現させて、一般就労も可能なものにしたい」というニーズを持つ利用者に対しては、生活技術を身につけられる「自立訓練事業所」と、一般就労を可能にしていく「就労移行支援事業所」の2か所には、通所しなければならないと思われる。

しかしながら、わが国の現状をみると、契約制度以前と同様に「囲い込み」と表現されるような1か所の事業所にしか通っていない利用者が大半である。その事業所がたいへん優れており、利用者が保有する複数のニーズを充足させるだけのサービスメニューと支援者

の力量が揃っていれば、全く問題はないといえる。しかし、現実は、そのような事業所は存在しないし、現在の事業所に関する分類においても、介護系・就労系・訓練系と分類されており、万能になることを求められてはいない。

　「ニーズが多様化している」といわれている現代社会において、利用者の両親は「日中を楽しんで過ごしてくれる事業所に通わせたい」という単一ニードに終始していることが多いと思われる。要するに、毎日、機嫌良く、家から「行ってきます」と出て行って、夕方に「ただいま」と言ってくれる生活が延々と続くことを望んでいる。このような考え方は、母親等が描いていた幼い頃から続いている特別支援学校への通学と同じようなイメージがもとになっているのではないかと思われる。障害のある人たちを小中学生のようにみたいと思う気持ちは、無意識下にあるのかもしれないが、多様なニーズを持つ成人として認識されていないということではないだろうか。

　また、わかりやすく表現すると、事業所職員も「あの人は、楽しく通ってきてくれているから問題ない」と思いがちであり、心の奥にあるニーズにふれることもなく、時は過ぎていくのである。語彙として「ニーズとチーズは、よく似ている」と思うことがある。ニーズもチーズも、賞味期間が長いようで、短いものである。チーズは冷蔵庫に入れておくと、すぐに硬くなり変色してしまう。同じようにニーズも、早く充足させてあげないと変色し、硬く変化してしまい、新しいニーズが出てくる噴出口を塞いでしまうのである。事業所職員は、「私のところに来ている利用者は、ニーズを持ち合わせていない」という言葉を口にすることがよくある。しかし、この言葉を聞くと「噴出口を塞いだのは誰ですか」と問い詰めたい気持ちになる。両親をはじめとする家族かもしれないし、学校に通っていた頃の先生たちかもしれないし、今の事業所職員（すなわち、あなた）かもしれないという認識を持つことが大切であると思っている。

　人生の目標に向かって進んでいくことは、自分自身が大切にしたい「宝物」を見つけ出す旅に似ている。他人がすごく高価な宝物だと思っても、利用者自身にとって価値のないものならば意味を持たない。相談支援専門員は、障害のある人たちが持つ複数のニーズ（宝物）を一緒に探し出し、その宝物にたどり着くまでの「宝の地図」を描くことを、サービス等利用計画を作成する目的としなければな

らない。その「宝物への地図」を受け取ったサービス管理責任者は、自分の所属している事業所では、どの部分を担当できるのかを真摯に考え、具体的な「宝物への行程表」として個別支援計画を作成することになる。

　一般的にサービス等利用計画は、サービス給付を申請するためにあり、行政が給付管理をするために必要だと説明されることもあるが、利用者本位や利用者利益という観点に立ったときに、ニーズを優先し、さまざまな社会資源を導入し、そのニーズを充足させることを真骨頂とするのが「障害者ケアマネジメント」の神髄である。このポイントを忘れ、計画作成だけにのめり込むのではないかという強い警戒心を持っている。

障害者ケアマネジメント
ケアマネジメントは、利用者が持つ複数のニーズと対応する社会資源を結びつける手続きの総体である。日本では、公的介護保険と同時に紹介されるような形になったので、高齢者への援助技術として認識されてきたが、実際は米国において、精神障害者に対する援助技術として始まった。公的介護保険のケアマネジメントは、利用者にサービスを仲介することを中心とするが、障害者ケアマネジメントは、利用者のエンパワメントを中核とする。

第2節 サービス等利用計画と個別支援計画との関係

1 サービス等利用計画と個別支援計画の関係性

　前節でも述べたが、相談支援事業が充実することにより、地域社会で生き生きとした自立生活を営むことのできる障害のある人たちを増やすことができると考えた国は、サービス等利用計画を作成する計画作成担当として「指定特定相談支援事業所」に、計画相談支援給付を行うことにした。そして、財政的に安定した相談支援事業所を増加させることにより、2014年度末までに、すべてのサービス利用者に対してサービス等利用計画を作成することを決めた。

　図表1-3で示しているのが、サービス等利用計画と個別支援計画の関係である。指定特定相談支援事業所（計画作成担当）の相談支援専門員は、サービス利用者となる障害のある人に対して、丁寧なアセスメントを実施し、サービス等利用計画を作成することにな

[図表1-3] サービス等利用計画と個別支援計画の関係

○ サービス等利用計画については、相談支援専門員が、総合的な援助方針や解決すべき課題を踏まえ、最も適切なサービスの組み合わせ等について検討し、作成。
○ 個別支援計画については、サービス管理責任者が、サービス等利用計画における総合的な援助方針等を踏まえ、当該事業所が提供するサービスの適切な支援内容等について検討し、作成。

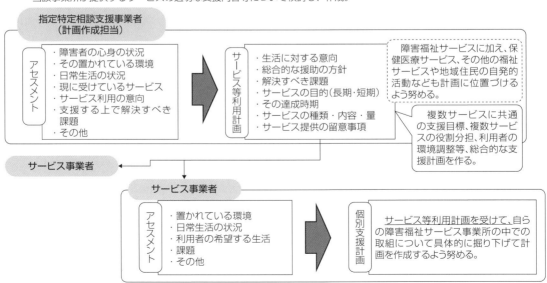

出典：厚生労働省資料より

る。そして、その計画が利用者の通っている日中活動の事業者へと渡され、サービス事業者の各サービス管理責任者が個別支援計画を作成して、具体的な取組みを提起し実施していく。

　利用者が複数のサービス事業者に通っている場合は、その事業者数と同数の個別支援計画が作成されることになる。この複数の個別支援計画の目標が達成されたときに、相談支援専門員が作成したサービス等利用計画の長期目標が達成されるようになっていなければならない。しかしながら、すべての個別支援計画の目標が達成されたにもかかわらず、サービス等利用計画の長期目標に到達していないならば、その個別支援計画が誤っていたし、もともとサービス事業者を選定した段階で、過ちが生じていたとも考えられる。このような事柄からも、サービス等利用計画の目標を達成していくためには、適切なサービス事業者を選定しなければならないことがわかる。

2　サービス等利用計画から個別支援計画への経緯

（1）　サービス等利用計画から個別支援計画へ

　前述しているが、障害者自立支援法での「サービス利用計画」は、市町村が行う障害程度区分認定（現・障害支援区分認定）によってサービス支給量を決定し、その決定量に基づいてサービス利用計画を作成することになっていた。しかしながら、障害の程度のみで、支給量を決定するのではなく、利用者の生活ニーズを充足させるためにサービス等利用計画を作成していく観点に立ち、図表1-4で示されるように、指定特定相談支援事業所の相談支援専門員による丁寧なアセスメントにより、サービス等利用計画が立案され、作成された計画案を基本として支給決定がなされるようになった。

　この経緯を詳しくみると、相談支援専門員が丁寧なアセスメントを実施した後、サービス等利用計画案が提示され、それを基本にして、市町村の担当者が支給決定を進めることになっている。そして、その後に「サービス担当者会議」を開催して、正式なサービス等利用計画を作成することになる。しかしながら、この時点でサービス担当者会議を招集することになると、以前に作成してあった計画案は、相談支援専門員がある程度の情報により、ニーズと社会資源のマッチングを考えた結果ではあるが、各サービス担当者は計画案の作成にかかわることがないため、相談支援専門員の思い込みのみで

[図表1-4] サービス等利用計画から個別支援計画への経緯

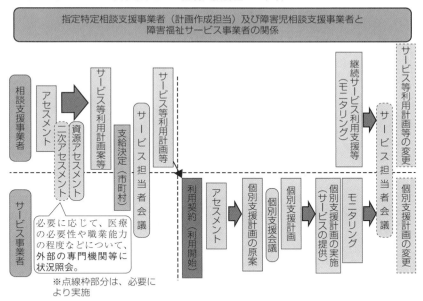

出典：厚生労働省資料より

作成してしまう危険性が内在していると思われる。

　障害のある利用者のニーズを充足させるために、社会資源を活用できるサービスを獲得しなければならない。そのような支給決定を受けるためには、より具体的で、実現可能なサービス等利用計画案を作成する必要が生じる。より具体的で、実現可能な計画とは、サービス提供機関が決定していることはもちろんのこと、居宅介護事業であるならば、理想として、ホームヘルパーの氏名まで明記できるなら、現実感が鮮明に打ち出されているといえる。このように「リアリティのある計画」を作成することにより、市町村担当者は支給決定時間を削減しづらくなると考えられる。「望む暮らし」を実現するためには、適正なサービス支給量が必要となってくる。このような理由から、支給決定を申請する前に、サービス担当者会議を開催し、より具体的で、実現可能な計画を立てることが必要であることが理解できる。

　以前からの継続としてサービスを利用する者と新規にサービスを利用する者に分類して、その流れを図式化すると、以下のように表すことができる。

（2） サービスを継続利用する場合の考え方と手続き

　図表1-5は、利用者が以前からサービスを受けており、あらためてサービス等利用計画が必要となった場合の考え方と手続きを示したものである。例えば、継続してサービスを利用する場合は、日中活動の場で作成されている「ケース記録」や居宅介護事業所で作成されている「居宅介護計画」を参考にしたうえで、新しいサービス等利用計画案を立案していくことになる。

　昨年度は、利用者に対して、どのようなサービスが提供され、どれくらいの効果があったのかを検証していくことは、新しい計画を立案していく際に必要不可欠なものになるはずである。1年前に作成したサービス等利用計画の達成度を客観的に評価していかなければならない。予想以上の効果を上げていたとすれば、何が好材料となったのかを調べる必要があるし、効果が上がらなかったとするならば、どのような事柄が妨げとなったのかを検証し分析する必要が出てくる。このような効果測定と評価分析を試みていかなければ、新しいサービス等利用計画を立案できないはずである。各事業者が作成している個別支援計画においても同じことがいえる。しかしながら、現状における大半の事業者においては、効果が上がらなかった理由を探求し分析しないがゆえに、「達成できなかったのだから、次年度も同じ計画で」ということになってしまっている。この事実

［図表1-5］ 以前からサービスを利用していた者の経過と手続き

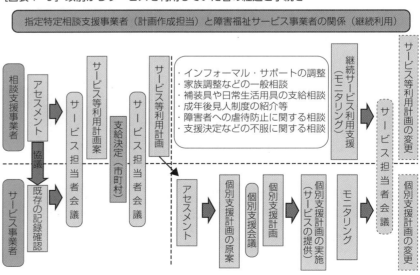

出典：厚生労働省資料より（谷口加筆）

を繰り返すことにより、何年も同様な計画を提示することになり、そのマンネリ化した支援体制のなかで澱んだ支援環境が築かれていくことになる。

　このような状況を改善しようとするならば、前述したように、事業者のケース記録やサービス提供計画を丁寧に検証し、事業者とも事前協議をすることによって、前年度の成果に上乗せする形で、自己実現へ向かうステップを登る計画を作成し続けることができるようになる。

　しかし、ここに大きな落とし穴が待っているといっても過言ではない。事業者が作成している既存の記録を参考にしてしまうがゆえに、サービス管理責任者が作成した個別支援計画がサービス等利用計画の基礎になってしまうことがある。特に、障害者支援施設においては、利用者本人の生活が施設内で完結してしまうことも多いので、個別支援計画＝サービス等利用計画という図式になっているところも少なくない。あくまでもサービス等利用計画は「全体像」であり、個別支援計画は個々の事業者が受け持つ「部分像」であることを忘れてはならない。「木を見て、森を見ず」という言葉もあるが、まさに「人生を見ずに、日々の生活に追われる」という状況を障害のある人たちに与えてきたのではないだろうか。「将来のことを考えると不安になるので、なるべく考えないようにしている」と語っている利用者本人や家族に直面することがある。このサービス等利用計画は、利用者本人や家族に対して、現実を認識させて、課題を浮き彫りにする残酷な道具になることも考えられる。現実から逃避したいと思っている利用者自身や家族にとっては、できることなら避けたいと考えるものかもしれない。しかし、避け続けていても、いつの日か、いやが応でも現実は押し寄せてくるものである。この現実は、時間の経過とともに厳しさが増大していくと考えなければならない。このようなことから、利用者本人が人生の目標に向かって生きる楽しさと希望を持つうれしさを感じることが、彼らの幸福につながると信じている。

　厚生労働省が示したフローチャート（図表1-4）をみると、相談支援事業所がサービス等利用計画を作成して、利用者本人がサービス事業者へ持参した後は、モニタリングに至るまで、相談支援専門員の役割がなくなるような誤解を与えるかもしれない。しかしながら、相談支援専門員は、この間にも、図表1-5で示したように、

「家族調整」や「インフォーマル・サポートの調整」に代表される相談支援を継続して実施している。サービス事業者に利用者を送った後も、相談支援専門員は引き続き支援をすることが原則となっている。

（3） サービスを新規利用する場合の考え方と手続き

　継続利用のケースとは異なり、新規利用の場合には、既存の記録というものが残っていないので、サービス事業者は利用を前提としたアセスメントを実施して、事業者への受け入れやヘルパー派遣を決定する必要がある。継続利用においては考えなくてよいのかもしれないが、新規利用においては、利用契約が可能か否かの事前決定がなされていない限り、サービス等利用計画が机上の空論となる危険性も出てきてしまう。新規利用の場合には、利用契約制度下においても、公平性を保つという意味合いで、行政の関与があると考えておいたほうがよい。行政の関与というものを考慮しても、事業者の利用に関する可否は明らかになっていることが多いとはいえ、この情報と連動させながら、計画書を作成していくことになる。

　この後の手続きに関しては、継続利用の流れと変わらないと考えてもよいが、何年も同じ時を過ごしてきた人と新しく出会った人の違いは大きい。他人の気持ちを理解するのは非常に困難な事柄ではあるが、数年の月日を過ごした人と初対面の人を比較すると、関係性において雲泥の差がみられる。したがって、事前の面接や面談によるアセスメントをより丁寧に実施していく必要がある。この面接や面談は、利用者本人ばかりではなく、両親をはじめとする家族はもちろんのこと、特別支援学校の担当教員や以前に利用していた事業者の生活支援員などにも、二次アセスメントという形で聞き取りを実施していかなければならない。よって、相談支援専門員が単独でサービス等利用計画を作成しようとするのではなく、計画案を立てるところからサービス管理責任者と協働していくことが不可欠と考えなければならない。

　この時点で、最も重要な事柄は、利用者本人のニーズが明らかになったときに、サービス管理責任者が「自分の事業者ならば、この部分を担当することができる」というポイントを明らかにすることである。前述しているが、一つの事業者のみで、多岐に渡る利用者のニーズを充足させられないと考えるのが妥当であるし、もし万能

な事業者が存在するならば、事業者の種別も必要なくなるといえる。このような事柄をみても、相談支援専門員は、サービス等利用計画を立案する際に、複数の事業者を利用していくという心構えを持つことが大切であるし、サービス事業者も「週に5日間は来所してくれないと、契約しない」という利用者囲い込みの精神を捨て、複数の事業者を利用するほうが理想的であるという考え方を持つことが大切である。また、利用者本人や家族も、1か所のみに通うことが最良であると考えないで、スーパーマーケットに買い物に行く感覚ではなく、自分が求めている理想的な品物を購入するつもりで専門店に出かけてみようという感覚が求められる時代である。

（4）各事業者で作成する個別支援計画の考え方と手続き

　サービス等利用計画から個別支援計画への経過と手続きに関しては、理解できたのではないだろうか。サービス等利用計画で掲げた目標に向かい、より具体的な個別支援計画を駆使してニーズを充足し、目標に到達する。人生における目標というものが多面的であり、複数の三角形を組み合わせて多角錐がつくられていくように、多面で構成されている複数の目的が同時に達成されなければならない。

　現在、稼働している事業者は、契約制度になる以前から「入所施設」や「通所施設」であったところが大半である。そのため、内部で取り組まれているプログラムは、10年以上も前から変わることなく継続されてきているところもある。それは、事業者に通ってきているすべての利用者が、同一時間に同一行動をとる「集団支援プログラム」である。作業やリハビリなどが優先される既存のプログラムにおいては、個別の目標に向かい、個々人に対して適切なサービスを提供しなければならない個別支援計画を展開していくことに限界を感じざるを得ない。就労継続支援事業所（B型）などにおいては、現在実施しているプログラムを基本にして、1年後の目標を決定することが通常となっている。この目標設定の代表例としては、「1時間に、お菓子の袋詰めを20個つくることができる」とか「杖を突かないで、自力で10mを歩けるようになる」などがあげられる。このような現行の事業者プログラムの範囲内で、目標を設定せざるを得ない環境を改善していかなければならない。利用者は、自分自身で自己実現に向かう重要性に気づき、周りの支援者も協力体制を築いていくことが重要である。複数の事業者が固有の個別支援計画を

遂行し、その結果が持ち寄られたときに、その利用者の多面的なニーズがすべて充足され、目標が達成できるようになったら、それは現実として、求めていたものが具現化されたことになる。このような意味からも、それぞれの事業者において方法論は異なるが、支援の方向性が同一であることを相談支援専門員は常に確認しておく必要がある。

　これらの意味合いから考えても、支援プロセスにおける「モニタリング」の重要性は多大なものがある。相談支援専門員が実施してきた以前のモニタリングは、利用者が事業者において、元気で活動しているかを確認し、新しいニーズが芽生えてはいないかを検証していたが、現在のモニタリングは、これらに加えて、自らが作成したサービス等利用計画が具現化するように個別支援がなされているかもチェックしなければならない。利用者が「1年後に一般就労する」という目標を持って、就労系の事業者に通っている事例の場合、1か月目のモニタリング時に、「この1か月は、ずっとクッキーを焼いていた。このままでは就労が難しいと思う」と本人が語ったり、専門員が感じ取ったりしたならば、支援メニューの変更を担当している事業者のサービス管理責任者へ訴える必要がある。このような訴えを3か月間続けてきても、就労が現実視される支援へ変更されなかったり、変更はしているが、あまりにも就労とは程遠い支援になったりしているときは、利用者本人と協議したうえで、利用者自身が望むならば、事業者自体を乗り換えることもできる。利用者の自己実現に向かうときに、同じ方向を目指したサービスの一つが欠けても到達できないことを認識し、支援の方向性に逆らうような事業者は、利用者の意思により、支援の枠から外していく必要があり、協力的な事業者を支援の枠に入れていくことが利用者利益に還元されると信じている。

第3節 本人中心の個別支援計画のポイント 〜望むアウトカムに向けての支援〜

1 支援のねらい

　障害のある人の暮らしを支えるプランニングにおいて、よくいわれる「本人中心」の意味を考えてみる。しばしば、援助者は障害のある人の「要求」（デマンド）をそのまま受け入れることと解釈し、その対処に困ることがある。また、本人と家族の間に入り、どのように対処してよいかわからなくなることがある。ともすると家族の主張を優先してしまい、これでよいのかと自らに問いかけていることもある。あるいは、「要求」そのものを出すことが困難な事例についても対処できず、行き詰まり感を抱くこともある。しかし、援助職は、本人や家族の「要求」を受け止め、それをリアルニーズに近づけていくことが役割である（第2章第3節参照）。また、表現がうまくできない人に対して、その潜在ニーズを表に出せるようなかかわりが求められる。

　ここでは、支援を組み立てていくうえで、そのねらいをどのような意識でつくり上げていけばよいかを考えたい。個別支援計画とは、障害のある人がどのような暮らしをしたいか、何をしたいか、どのような生活環境を求めているか、ということを探りながらつくり出される。その際、障害のある本人が中心に置かれるという考え方をするが、そのねらいとして次の2点をあげておく。

① 望む暮らし（望むアウトカム）のために
② リスクを最小限にするために

　ここでいう「望むアウトカム（結果）」とは、個別支援計画を実行に移した結果が、「こういう暮らしをしたい」「こういうことをやってみたい」「快適な状態をつくり出したい」などの思いが実現されることである。つまり、フォーマルな福祉サービスおよびインフォーマルな支援を「手段」として達成する「結果」、すなわち、望む暮らしというものの具体化である。「結果オーライ」ではなく、望む暮らしに対するアセスメントを的確に行うことが必要である。各種サービスやインフォーマルな支援を通して遂げたいこと、この望むアウトカムをしっかりと押さえていくことが求められる。

本人中心
日本相談支援専門員協会の設立趣旨にも「本人中心のサービス等利用計画作成ができる相談支援専門員の育成」があげられている。厚生労働省の相談支援従事者指導者養成研修プログラムにおいても「本人中心」の支援が示されている。イギリスにおいてもPCP (Person Centred Planning) が支援の核となっており、「権利」「自立」「選択」「インクルージョン」の四つの原則に立ってケア計画を作成することとされている。
（参考文献：Cambridge, P. & Carnaby, S. (eds): Person Centred Planning and Care Management with People with Learning Disabilities, Jessica Kingsley Publishers, 2005. Beresford, P. et al.: Supporting People towards a person-centred approach, Policy Press, 2011.）

また、二つ目の「リスクを最小限にする」とは、望む暮らしを達成することと表裏一体である。望む暮らしに向かうプロセスに、リスクが存在する場合には、それらを避ける必要がある。そのリスクをマネジメントすることで、本人の思いを達成するよう支援していくことが求められる。

2　望むアウトカムに関連して

　先にあげた望むアウトカムをきちんととらえるには、援助者自身のアセスメント視点が問われる。例えば、次のようなことを振り返っておく必要がある。

- アセスメントは何のためにやるのか。
- その人の障害にかかわる「部分」だけを注視していないか。
- 「問題」のみの見極めに没頭する援助者になっていないか。
- 強みや好みなどを見落としていないか。
- 思いや願いをしっかりととらえるよう努めているか。
- 日常生活動作、生活関連動作という表にみえる評価にとどまっていないか。

　これらは、援助者自身が部分注視に陥る危険性を持っていることを振り返り、利用者の生活者としてのニーズをとらえることが第一であることを表している。アセスメントは、ともすれば手持ちの形式的なチェック項目で「よし」とする傾向にある。一人ひとりの望むアウトカムに関係する事項に基づいて、ニーズ・アセスメントがなされるべきであり、そして、望むアウトカムに影響するリスク・アセスメントを行うべきである。

3　リスクの回避

　リスクの回避は、本人中心の支援ではなく、援助者の都合や「専門性」という言葉で単純に生活制限を加える結果になりかねない。ここでいうリスクも、本人中心で考える必要がある。

（1）　リスクとは

　望む暮らしを求める行為により、本来達成しようとすることとは反対の影響が出るおそれ、つまり、その後に、ともすると規制されたり、禁止されたり、あるいはけがや疾病につながるような事柄をいう。この考え方からすると、リスクそのものを初めから問題にす

リスク
ここに示しているのは、利用者中心のリスク・アセスメントを的確に行い、望む暮らしに向かっていけるようリスク・マネジメントを行うことである。しばしばリスク・マネジメントは事後対応や事業者側の防衛的対策になりがちであるが、相談支援におけるリスク・マネジメントとは、本人中心の支援を支えるための一連のプロセスのなかにあり、援助者は自らの地域現場でそれをつくり上げることが求められる。

るのではなく、本人がしたいこと、遂げたいことを前提として、安全・安心を確保するための検討をすることが重要となる。

望む暮らしに向かおうとするとき、それを阻害する要因がリスクである。したがって、リスクを回避しつつ、どのような方法を使えば望むアウトカムを達成できるか、と考える必要がある。

(2) リスク対応に関する二つのモデル

(a) 安全第一モデル

これは、どちらかといえば従来の援助の考え方であり、「本人のために」ということで生活そのものが援助者主導で制限される傾向にある。その特徴的な点は、以下のように示すことができる。

① 心理的・情緒的側面よりも身体的・医療的側面が優先する
② できないことに着目して制限を加える
③ 援助者が生活をコントロールする
④ 評価する人が中心となる

すなわち、表面的な安全を前提として援助者が主導権を握ることになる伝統的な対応を「安全第一モデル」とみなすことができる。

(b) リスクを考慮したモデル

一方、リスクを考慮した援助では、本人中心に暮らしを考え、その望む暮らしを阻害するリスクを最大限に取り除く方策を検討する。そして、次の諸点があげられる。

① 心理的、情緒的な安定、快適、などメンタル面を考慮する
② 本人の権利と責任を考慮する
③ できることに着目する
④ 選択の機会を提供する
⑤ 本人、家族など当事者参加による援助を行う

表面的なことだけではなく心理面の安定・快適性を考慮し、ポジティブな評価をすることで、生活力を発揮していくことにつながる。

「本人中心」とは、個別支援計画の軸となる考え方であるが、その表現を変えてみると、その人のライフスタイルを尊重しつつ、そこにあるリスクに対応した支援を遂行するという視点に立つことでもある。

また、「本人中心」とは、型にはめるような援助ではなく、一

人ひとりに配慮した対応、すなわち個別性を尊重することであるが、それは個々人のライフスタイルを維持できることであり、それを継続する、あるいは新たにつくり出す、ということを追求する支援の視点がなければならない。

4 本人中心の援助に向かうために

ここで、援助のプロセスで基本的な事柄をあげておきたい。

（1） 聞き取る[1]

援助は、生活上の困難を最低限保障する問題抽出型アセスメントから始まるのではなく、望む生活のあり方を聞き取ることから始まる。

- アセスメントは、「望むアウトカム」と「リスク回避」のために必要な情報である。
- つまり、サービスを通して実現したいアウトカムを想定しながらアセスメントをする。

したがって、この段階で十分に時間をかけるが、その際、利用者と援助者の間に信頼関係がなければ、これらの事柄について背景も含めて聞き取ることは困難を極める。まず、利用者との関係について十分に配慮することが大切である。

その際、援助者はしばしば壁にぶつかる。「言葉を発せない人から本人の思いを受け止めるにはどうしたらよいのか」「言語能力が乏しく、意思表示が困難なのでどうしたらよいか」「本人の意向がないので困る」「コミュニケーションが難しく、意思確認がとれない」などである。しかし、障害のある人への支援は、とりわけ意思決定の力が弱い場合に必要とされるのであり、このような事例に対して、創意工夫をして聞き取りをしていくことが求められる。例えば、意思表示をするうえでは、そのための情報が提供されている必要があるが、提供する情報がわかりやすいものになっているか、理解できるものとなっているか、など十分に検討しておく必要がある。言葉だけの表現ではなく、日常の生活を通してその人の好みや快不快、安心や不安、満足していることや我慢していること、などをとらえておく必要もある。また、そうした場面にいる家族や他の援助者からの側面的な情報を得ることも必要である。

整理してみると、①時間軸を広げて、利用者のこれまでの生活を

---

1) 第3章第1節「インテーク（初回面接）」参照
　→p61

たどること、つまり、今現在を輪切りにしてみるのではなく、これまでの生活をしっかりととらえることも必要となる。②範囲を広げて、利用者にかかわる人たちから本人の望む事柄、思いや願いというものを探ること、③援助者自身の目利きの力を発揮し、見落としがちな事柄に気づくこと、④さらには、見落としなどがないように、援助分野にかかわる「オリジナル確認表」などを作成し、見極めていくこと、などの作業も有効である。いずれにしても、障害のある人の個別性と潜在的可能性を最大限に尊重し、聞き取りに努めなければならない。

（2） 本人が自ら主張できるよう援助する

　援助者の前には、福祉サービスを受けることで、「望む暮らしを達成したい」と考えている障害のある人がいる。そのためには、「（私は）何をしたいのか」「誰（どの機関）がそれを援助するのか」「いつまでに援助体制が整えられるべきか」「その経費はいくらぐらいか」「その経費資源に問題ないか」などを、個々の知識、生活能力に合わせてやりとりする。

　しかし、ここでも自らその主張ができない、選択することができない利用者を前にすることのほうが多いだろう。そのため、一人ひとりの望む暮らしに迫るよう、いっそう努力する必要がある。

　自ら望むことを率直に発言できる条件をつくるためには、比較検討できるだけの情報提供が必要である。自己選択、自己決定するうえで個別的な工夫も必要であろう[2]。

　いくつかの工夫として、次のようなことが求められる。

　①情報の理解に配慮する。自らの願いや希望について意思決定するために、わかりやすい情報提供を行うことが求められる。図や写真、ビデオ、あるいは実際場面に出向くなど、できるかぎり理解しやすい方法を講じることである。②情報の記憶を保つためのかかわりをする。自らの意思を表すためには、必要な情報を記憶しておくことが必要であるが、それが困難な場合に呼び起こすための工夫をすることも考えておかなければならない。③情報を比較し検討する機会をつくる。選択するためには複数のものを比べることになるが、それを判断できるよう工夫してみることも大切である。④そして、自らの意思を伝達するための表出方法を検討しておく。意思を他者に伝えることは言語以外の方法も種々あるので、それらを考慮する

[2] 第2章第2節参照
→p37

ことである。

（3） 個別化の原則に立つ

　介護給付、自立支援給付、地域生活支援事業など障害福祉サービスには枠組みがあるが、その諸サービスを選択するメニュー方式となっている。ただ、「あなたの好きな店を選んでください。もし、なければ他の店に行ってください」というようなサービス提供者側の都合に基づいた内容になっていることが多い。

　何よりも個別性が尊重されなければならない。つまり、「メニュー方式」から「オーダーメイド方式」に向かうよう努力する必要がある。

　例えば、アセスメントは詳細に行っているのに、週間予定表をつくるときは単純に毎日が繰り返されるかのように、簡単に埋めてはいないだろうか。毎日、毎週、毎月は同じ繰り返しではない。つまり、週間計画表の枠を埋めることで「よし」とせず、それぞれのかかわりの程度、内容などを本人、必要に応じて家族を含めて、関係者とのチームで「オーダーメイド」でつくり上げることが求められる。

　「選択の自由」という際の「選択」の前提はあるか。「利用者主体のコントロール」という際の、「コントロール」の前提はあるか。これらが問われることになる。

　少ない社会資源は、利用者の選択・コントロールの余地に乏しく、援助者の力を強くしてしまう傾向にあるので、そのことを絶えず振り返る必要がある。

（4） バランスある個別支援計画とは

　望む暮らしと、リスク回避の両立をさせることが大切である。本人の選択、自己決定、すなわち、自分自身で生活をコントロールすることと、それに対して反対の作用をしてしまうリスクを抑えるマネジメントが求められる。これが、個別支援計画を立てるうえで最も考慮すべき点である。

　望む暮らしを達成するために積極的な計画を立てるとともに、その計画には達成を損なうことのないセーフティネットが備えられていなければならない。

（5）ストレングス[3]に着目する

利用者の強みを活かして、望む暮らしにつなげていく。このストレングスとは、本人のことだけではなく、周辺の人たちの強みも取り込む。強みは、本人の側にあるものと、その人の家族、友人、知人、同僚、隣人など人的な環境や、福祉機器、住宅、地域の地形など物理的な環境、すなわち本人の外側にあるものも影響し、複雑で多様である。そして、できることをつなぎ合わせるための作業をすることと、つながらない部分の援助を明確に整理することが肝要である。

5 地域資源との連携

本人中心の個別支援計画は、地域資源との連携なくして立てられない。そこで、援助者は、徹底して自らが抱える連携の阻害を理解すべきである。

個別支援計画にかかわる複数の援助職が連携せずに、バラバラな動きをすることは、本人中心の計画でないことを意味することになってしまう。

（1）連携の阻害要因

連携を阻害するのは、それぞれの援助者が異なる背景を持つことで他者に対して批判的であったり、自己防衛をしたりする傾向にあるためである。それらを乗り越えて、「本人中心」をキーワードに連携を構築しなければならない。

援助者は、異なるサービス提供、異なる組織体制、異なる職業教育、異なる報酬体系、異なる専門用語などを持ち、共通点に乏しい場合がある。

このことから、援助者間の障壁が発生し、それぞれの自己防衛が、他者との連携を阻害する。そのため、援助者は利用者本人を中心とした援助から離れていきがちである。なによりも主軸に「本人中心」を据えることが肝要である。

（2）連携の促進要因

一方、連携を促進する要因としては、援助者自身のエンパワメントがあげられる。利用者のエンパワメント[4]がしばしば語られるが、援助者の自己防衛的な業務を通しては、利用者がエンパワーされな

---

3) 第2章第4節参照 →p52

4) 第2章第1節参照 →p27

いだろう。援助者の協働する姿勢、援助技術など質的な課題を無視することはできない。何よりも、援助者自身が他者との協働を積極的に行えるだけの力を持たなければならない。

また、「本人中心」を具現化するためには、例えば、地域の当事者団体との協働を志向することが良策である。当事者がどのようなことを課題とし、どのように自助活動をし、また、社会に働きかけているかを理解し、それらに参加協力することにより、援助者間の連携の基盤をつくることになる。

（3） エンパワメントへ向かう支援

十分に考慮された情報、相談、プランニングにより、障害のある人は力をつけていくことになる。情報提供の仕方、その内容次第で、利用者は積極的にも消極的にもなる。相談助言を通して、本人の本当の願い、望みを語れるのか、消極的なものにとどまるかが決まってくる。さらには、プランニングに本人の意思、意見が反映されるか否か、また、その反映したことを、身をもって感じ取ることができるか否かは、さらに重要な点である。

情報提供、相談助言、個別支援計画での当事者発言の具体化、これらが適切に行われることで、援助者と利用者の間にパートナーシップといえる関係を築くことができる。その信頼関係に基づくパートナーシップとは、これらの一つひとつの場面でのコミュニケーションがベースとなっていることを理解する必要がある。

第2章

個別支援を支えるための基本的視点

本章では、個別支援を実施していく際に必要となる基本的な考え方や視点を紹介したい。個別支援を目的にして、利用者に相対する場合に、相談支援専門員は利用者のことを熟知する必要がある。利用者の人格や考え方を理解したうえで、彼らが持っているニーズを探求していかなければならない。その時に、相談支援専門員が持つ考え方や知識に偏りがあると、利用者のニーズが理解できなかったり、歪んでとらえてしまったりすることがある。これは、相談支援専門員自身の自己覚知ができているか否かの問題もあるのだが、基本的な知識や考え方が身についていないと考えられる。ここでは、相談支援専門員が備えておくべき知識や考え方を提示している。

第1節 障害のある人たちへのエンパワメント支援

障害のある人たちのエンパワメントについて、解説や説明をしていくうえで、エンパワメントに関する歴史的変容と意味について考え、ソーシャルワークの領域でエンパワメントがどのように定義づけられてきたのかをみておきたい。

エンパワメント
いろいろな要因により、社会生活を営んでいく力が弱っている状態を「パワレス」と呼ぶが、そのような状況にある者がさまざまな支援によって生き抜いていく力量をつけていく過程の総体を指す。

1 エンパワメントの解説と定義

エンパワメント（empowerment）という用語を辞書で引くと「～する権限・能力を与える行為」また、「その結果として権限・能力を得た状態」とある。ソーシャルワークの領域で「エンパワメント」という用語が使われたのは、1976年にソロモン（Solomon, B.）が著した『黒人のエンパワメント─抑圧されている地域社会におけるエンパワメント』[1]が最初であるといわれている。そのなかで、ソロモンは、ある個人が抑圧された「否定的な評価」を受け続けることによって「パワーの欠如した状態」に陥っている場合、パワーを増強していくこと、すなわち、エンパワメントにソーシャルワークがかかわっていく際のあり方について示している[2]。つまり、例えば「マイノリティに対する差別」のように抑圧された状況のなかでは、個人やグループが持っている本来の力（パワー）が育つことも発揮されることもなく、その問題状況にソーシャルワークが介入することによって、個人やグループが持つパワーを発揮できる状況をつくる必要性を指摘しているのである。

ソロモンによってソーシャルワークの領域に提起されたエンパワメントという概念、あるいは方法論は、ソーシャルワークの主体が援助者から利用者へ移っていく過程、また、伝統的な「医学モデル」に基づき個人の病理や弱さに注目して治療や訓練を与えるのではなく「生活モデル」のように社会との相互作用のなかで利用者の自分で生きる力や強さが注目される過程で、新しいソーシャルワークのアプローチとして定着しつつある。久保美紀、渡辺洋一、中村佐織は「ソーシャルワーク研究」[3]のなかで、また、小川喜道は自著『障害者のエンパワメント』[4]のなかで、それぞれの論を展開する前提としてエンパワメントの定義に関連する先行研究を紹介している。エ

[1] 原著は、Solomon, B., Black Empowerment : Social Work in Oppressed Communities, Columbia University Press, 1976.

[2] 小田兼三・杉本敏夫・久田則夫編著『エンパワメント実践の理論と技法』中央法規出版, 6～7頁, 1999.

[3] 『ソーシャルワーク研究』vol.21 No.2, 1995.

[4] 小川喜道『障害者のエンパワメント』明石書店, 1998.

ンパワメントの定義に関しては、これまでさまざまな文献で抜粋、引用、紹介されてきたが、ここでは久保、渡辺、中村、小川が整理したものを中心に紹介しておきたい。

「エンパワメントは、スティグマを負った人々が社会の中で関係を取り結び、そして価値ある社会的役割を遂行するようにスキルを身につけるべく援助される過程。エンパワメントの活動は問題解決の過程が否定的評価に対抗するために機能する」(Solomon,B., 1976)

「エンパワメントは、人びと・組織・コミュニティが、自らの事柄に関して主導権を握る過程とメカニズムであり、学校・教会・職場・ボランティア機関・社会福祉制度・政府・近隣組織における構成員による活発な参加を含み、本質的には政治的、経済的過程である」(Rappaport, J., 1987)

「人々がパワーを伸ばし、彼らの生活を自らコントロールすることをより可能にすることである。そして、施設、機関、そして彼らに影響を及ぼす状況に対して、より大きな主張をすることを意味している。また、力を分かち持ち、他の人に力を及ぼすことができることを意味する」(Beresford,P. And Croft, S., 1993)

これらの定義を概観するとき、エンパワメント（empowerment）という用語が示す概念（ないし定義）について主として二つの論点が存在すると考えられる。すなわち、第一は「エンパワメントは、過程（process）を指すのか状態（condition or shape）を指すのか」という論点であり、第二は「エンパワメントは、①個人（individual）、②環境（circumstance）、③個人と環境の相互作用（interaction）あるいは相互関係（mutual relationship）のいずれに焦点をあてるのか」という論点である。さらに、ここでは定義に関連のあるものだけを概観したが、ソーシャルワークあるいはソーシャルワーカーの関与ないし位置づけについても、エンパワメントを基本的に当事者に帰結する立場とソーシャルワーカーとの協働（partnership）に言及する立場とでは、その位置づけに微妙なニュアンスの違いがみられる。

まず、第一の論点について、先の「ソーシャルワーク研究」にお

いて久保はオックスフォード英語辞典を引用して「エンパワメントは力をつけていく過程と力をつけた状態を含んでいる[5]」と述べているが、ソーシャルワークの領域でエンパワメントを定義づけていくとき、障害のある人たちのエンパワメントに関しては「エンパワメントは過程（process）を指す概念である」という立場を取るべきであり、また、「状態（condition or shape）」については「エンパワメントの結果としての状態」と表記するべきであると考える。

次に第二の論点、すなわち「エンパワメントは、①個人、②環境、③個人と環境の相互作用あるいは相互関係のいずれに焦点をあてるのか」であるが、この点について小田兼三は「エンパワメントを志向する実践で最も興味深い側面は、その焦点が問題解決の個人的側面か環境的側面のいずれかにあてられるのではなく、むしろ両者の結合と相互作用にあてられていることである[6]」と述べ、エンパワメントが個人と環境の相互関係に焦点をあてた概念であることを強調している。ソーシャルワークの領域におけるエンパワメントには、①個人、②環境、③個人と環境の相互作用という三つの概念が含まれると考えるのが妥当であろう。また、あとで詳しく述べるが、WHOによって示されたICF（国際生活機能分類）において個人因子・環境因子に加え、それらの相互作用によって「障害」をとらえていることを鑑み、障害のある人たちのエンパワメントに関する作業仮説については、エンパワメントの定義として個人・環境・相互作用の三つの側面を含む概念とするべきである。

以上のような過去の定義や実践を研究し、さまざまな個別事例調査を実施・分析していくなかで、われわれが作成したエンパワメントの定義を紹介しておきたい。

「エンパワメント」とは、同様の生活環境にある一般状況と比較してパワレス状況にある者が、政治・経済・社会的場面等における一般水準の獲得を試みたときに、本人の意向に沿って、個々が有する能力の向上・社会環境の改善・個人と社会環境との調整という方法を用いて、そのパワレス状況を改善していく諸過程である。

この定義のなかでも、特に注目していただきたい点は、「本人の意向に沿って」というところである。本人の意向に反したエンパワメントという考え方は、存在しないと言い切ってもよいのではない

[5]　『ソーシャルワーク研究』vol.21 No.2, 21頁, 1995.

[6]　小田兼三・杉本敏夫・久田則夫編著『エンパワメント実践の理論と技法』中央法規出版, 12頁, 1999.

だろうか。

2 エンパワメントの三要素

われわれは、障害のある人たちのエンパワメントを検証していくために、「国際生活機能分類（International Classification of Functioning, Disability and Health：ICF）」を参考にした。

（1） 国際生活機能分類（ICF）とは

国際生活機能分類（ICF）は、図表2-1のように、「障害」を三つのレベルでとらえている点は、1980年の「国際障害分類（International Classification of Impairments, Disabilities and Handicaps：ICIDH）」で示した分類と同様ではあるが、機能障害を「心身機能・構造」(body function and structure)、能力障害を「活動」(activity)、社会的不利を「参加」(participation) という用語に置き換えることにより、障害のある人たちのみに対応しているのではないことを表現している。さらに、障害が発生したり変化したりする時に、「環境因子」(environmental factors) と「個人因子」(personal factors) が影響するとして、モデルの中に新しく入れたことも注目しなければならない。

生活機能と障害は、健康状態と背景因子（すなわち環境因子と個人因子）との間の相互作用ないしは複雑な関係とみなされている。これらの要素の間には、ダイナミックな相互作用が存在するので、一つの要素のレベルに介入すれば、関係する他要素を同時に変える可能性がある。相互の関係は特異なものであり、一方が決まれば常に他方が予測できるという一対一の関係ではないことも注意しておかなければならない。図表2-1に示されている各構成要素は個人の生活機能と障害の状態を示しているものであり、「参加」という要素が概念内に取り込まれたこと

[図表2-1] ICFの構成要素間の相互作用に関する現在の理解（2001年モデル）

出典：障害者福祉研究会『ICF国際生活機能分類　－国際障害分類改訂版－』、17頁、中央法規出版、2002年．

は、非常に画期的であるといえる。

　障害のある人たちが「不自由さ」や「障害」を意識する時には、必ず何らかの行動を起こそうとする気持ちが存在すると考えられる。障害のある人たちは、寝ている時や座ってテレビを見ている時には、「障害」を実感することはない。しかし、寝返りをする時や、テレビのチャンネルを換えようとする時に、不自由さを実感して「障害」を感じる。「国際生活機能分類」において、「活動」を図の中心に位置づけた意味は、行動を起こそうとする時に「制限」（limitation）を受けることが「障害」というものを基本的に理解していくうえで、重要であることを主張したかったのではないか。障害のある人たちを取り巻く家族や専門職等には、彼らに「障害」を感じさせないことが最良だと思い込んでいた者が多いと考えられるが、彼ら自身が「障害」を実感することは、自分の問題と正面から向かい合うことができると認識しなければならない。さまざまな因子から構成される「障害」は避けるものではなく、各種の専門職や支援者の協力を得ながら、向かい合っていくことが原則である。

　われわれは、この国際生活機能分類にある「個人因子」と「環境因子」という項目に強い関心を持ち、個人や環境と関係性を保ちながら、影響し合える相互作用のなかで、障害のある人たちがエンパワメントしていくと考え、3種類のモデルを提示した。

（2）　個人因子強化（ストレングス）モデル

　エンパワメントしていく過程を3種類の作業仮説に分けて説明していこうとするものであるが、Ⅰ型として「個人因子強化（ストレングス）モデル」を提示したい。

　人的環境や物理的環境、さらには自然環境や社会環境といった「環境」の中で、人間は生きている。しかし、障害のある人たちの場合は、在宅で家族との関係のみで大半の時間を過ごしたり、入所施設という限定された空間で時間を過ごしたりすることを余儀なくされていることが多い。

　（a）　ストレングスが小さい状態

　　図表2-2で示しているように、個人と環境のインターフェイスが極端に小さく、バリアフリーに代表されるような環境整備が進んだとし

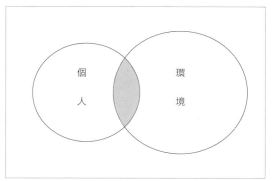

[図表2-2] 個人因子強化モデル①

[図表2-3] 個人因子強化モデル②

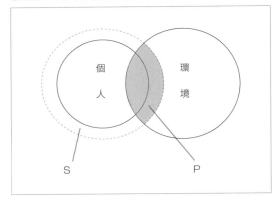

ても、個人のストレングスが弱いという理由で、エンパワメントしていない状態にある。
(b) ストレングスが大きくなってくる状態
　障害のある個人のストレングスを強化していくエピソードを経験すると、図表2-3で示したように「ストレングス（S）」が大きくなってくる。ストレングスが大きくなっていくことにより、環境とのインターフェイス部分「パワー（P）」が広がっていくことがわかる。
　この重なり合う部分が広がっていく過程こそが「エンパワメント」であると認識している。例えば、バリアフリーが進んでいるような地域では、障害のある個人が「外へ出る」という強い意志を持つことにより、重なり合う部分が大きくなることが理解できる。障害のある個人のストレングスを大きくしていく方法については、従来のリハビリテーション概念で示されるような身体的機能の回復のみをストレングスとしてとらえるのではなく、日常生活のあらゆる場面における自己決定を中心とした精神的自立を基本にしなければならない。
(c) ストレングスがより大きくなってくる状態
　(b)の状況が進展していくことにより、図表2-4で示しているように、「ストレングス（S）」がより大きくなっていく。ストレングスがより大きくなってくることにより、社会との重なり合う部分も拡大されてきているのがわかる。このようにストレングスが大きくなることによるエンパワメントは、障害のある個人が多くの経験や体験をしていくことが重要な要因となっている。

[図表2-4] 個人因子強化モデル③

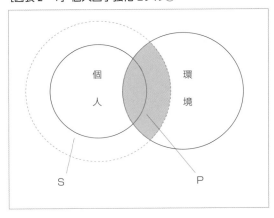

　この段階にまで到達すると、個人のパワーとストレングスが大きくなり、環境にもかなりの影響を与えていると考えられる。この個人因子強化モデルにおいて、ストレングスが大きくなり、環境にも強く作用することになったときこそ、エンパワメントも最終章を迎えることになる。

（3） 環境因子強化（サーカムスタンス）モデル

　二つ目は、Ⅱ型として「環境因子強化（サーカムスタンス）モデル」を提示したい。バリアフリー法の施行により、障害のある人たちを取り巻く環境も改善されてきたことは確かであるが、依然として駅などには物理的バリアが存在し、また、規制緩和が進んできたとはいえ、さまざまな欠格事項が残されている。さらには、人的環境としてとらえられる過保護的な親子関係や家族関係、逆に偏見や差別に伴う疎外感という環境の未整備さが指摘されている。環境の改善・改良が、障害のある人たちのエンパワメントに大きく関係することを提示したい。

　(a)　環境が未整備な状態

　　障害のある個人としては、ある程度のエンパワメントできる体勢にあるが、環境があまりにも未整備な状態にあり、図表2-5で示したように、個人がエンパワメントしていくことを環境が受け入れないような状態が存在する。

　(b)　環境が少し改善されてきた状態

　　障害のある個人の働きかけや周囲の人たちの理解によって、少しではあるが環境が改善され、個人と環境とが重なり合う部分が大きくなったことが、図表2-6を見ると理解することができる。

　　この「環境」は、住環境や都市環境のバリアフリーに関するものだけではなく、家族の無理解や他者からの偏見・差別に起因するさまざまな制限をつくり出す要素を含んでいると理解している。

　　公共建築物へのアクセスや多目的トイレの設置、交通機関のバリアフリー化をはじめとする物理的環境整備を推進していく方策

[図表2-5] 環境因子強化モデル①

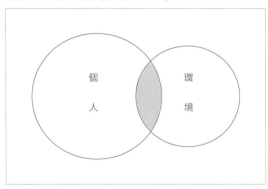

[図表2-6] 環境因子強化モデル②

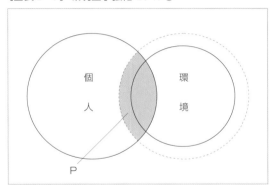

[図表 2 - 7] 環境因子強化モデル③

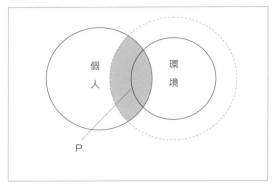

も必要としているが、国民全体として取り組まなければならない人権擁護に関する講座や障害のある子どもの両親に対する「親の教室」等を実施していくことも環境の改善という観点から必要とされる。

(c) 環境が大いに改善された状態

(b)の環境改善が進んでいくと、図表2-7のように個人と環境が重なり合う部分が拡大される。われわれは、個人因子強化モデルと同様に、この重なり合う部分が拡大されていく過程を「エンパワメント」と呼んでいる。

環境整備が遅れている地域であれば、バリアフリー運動やノンステップバスの導入等の基本事項に力を入れなければならない。

また、この環境の整備が究極的に進んだという仮説においては、障害のある個人を環境が飲み込んでしまうこともある。障害のある人たちが、たとえエンパワメントしなくても、直接の介護にあたる者が完璧なトレーニングを受けていれば、問題はないとする考え方もある。

(4) 相互関係強化(ケアマネジメント)モデル

三つ目は、Ⅲ型として「相互関係強化(ケアマネジメント)モデル」を提示したい。Ⅰ型の個人因子強化モデルでは「個人」に焦点を当て、Ⅱ型の環境因子強化モデルでは「環境」に焦点を当ててきたが、Ⅲ型の相互関係強化モデルでは、「エンパワメント」という観点から個人と環境をコーディネートしていく。

(a) 個人と環境が調整されていない状態

[図表 2 - 8] 相互関係強化モデル①

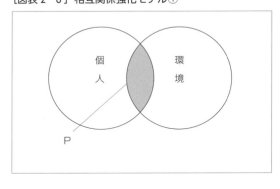

個人と環境が同程度のレベルにありながらも、双方に働きかける契機や人材もなく、平行線のままで進展がみられず、図表2-8で示したように、エンパワメントにも向かわないという状態が続いている。

このような膠着状態になって、長い時間を経過してくると個人は現在の環境を甘んじて受け入れて、何も感じなくなってしまうことが多々ある。地域社会で暮らしている障害のある人た

ちのなかにも、もう少しエンパワメントすれば、より幸福な状況が生み出せると思う人たちも少なくない。何かの刺激さえあれば、エンパワメントに向かえる体勢にはあると考えられる。

(b) 個人と環境が少し調整された状態

第三者の介入によって、個人と環境がコーディネートされ、双方が歩み寄るような形で、重なり合う部分を拡大していこうとしている。Ⅰ型やⅡ型と同じように、「P」で示された部分が拡大される過程がエンパワメントである（図表2-9）。

障害のある個人が望んでいるか否かにかかわらず、第三者がコーディネートを試みようとする例は少なくない。しかしながら、エンパワメントという観点でとらえると、障害のある本人が望まないコーディネートであったり、本人抜きのコーディネートであったりしてはならない。エンパワメントとは、あくまでも本人の意思により望まれた結果として進んでいくものである。

(c) 個人と環境が大いに調整された状態

(b)のコーディネートが進んでいくと、個人と環境がより歩み寄るような形になり、重なり合う部分がより拡大される。要するに、「P」で示された部分が大きくしていこうとする動きが双方からみられ、エンパワメントが急速に進むであろうことが、図表2-10を見れば、理解することができる。

この段階まで相互関係強化モデルが進むと、障害のある個人がエンパワメントしたという実感があると考えることができる。利用契約制度が始まり、相談支援事業の相談員と出会った障害のある人たちは、このようなモデルとしてエンパワメントが進んだ事例は数多いと考えられる。この相互関係強化モデルは、「コーディ

[図表2-9] 相互関係強化モデル②

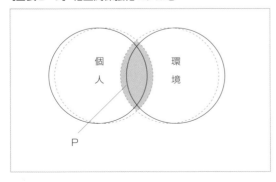

[図表2-10] 相互関係強化モデル③

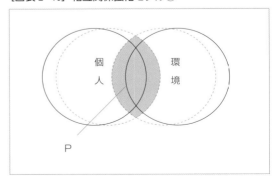

[図表2-11] 相互関係強化モデル（進化）

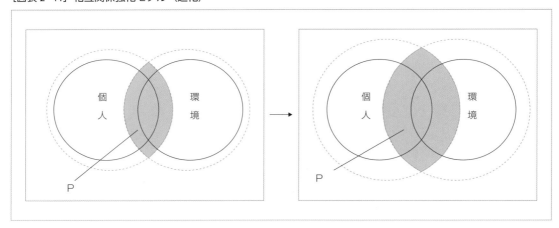

ネートモデル」と呼べるくらいに、出会う第三者によってエンパワメントが左右されるとも考えられる。

(d) 相互関係強化モデルの進化

相互関係強化モデルを基礎にして、個人因子強化と環境因子強化の要素を加えると、図表2-11が示しているように、個人と環境が拡大しながら接近していくというモデルが完成できる。

このように進化したモデルは、障害のある個人にとっても「理想形」であることは確かである。しかし、このモデルを実現させるためには、必要とされる条件を完備しておかなければならない。個人と環境がともに成長発達し、相互にエンパワメントを高めていくという実態は、理想というよりは空想であるという批判を受けるかも知れないが、相談支援事業者で相談員として障害のある人たちと関係する専門職は、この理想モデルを目指してほしい。

3種類の通常モデルと理想系モデルを提示してきたが、個人のストレングスを強化することでエンパワメントしていく「個人因子強化（ストレングス）モデル」、環境を改善し強化していくことでエンパワメントしていく「環境因子強化（サーカムスタンス）モデル」、そして、個人と環境をコーディネートすることでエンパワメントしていく「相互関係強化（ケアマネジメント）モデル」は、一つひとつが、障害者ケアマネジメントが目的としている形である。障害者ケアマネジメントが目標とするものには、エンパワメントが第一義的に含まれている。

第2節 自己決定を重んじることの重要性

　障害のある人たちを支援している専門職は、当事者のニーズを優先させなければならないと言われ続けている。なぜ、このようなことを言い続けなければならないのかを考えていくと、誰もが自分の思うように行動したいし、周囲の人たちも思うように動かしたくなることが多いからである。専門性が高いといわれる職にある人たちは、自分の決断は正しいと思っているし、専門家が判断し選んだものが優れていると考えている。このような考え方を持つ専門職がいて当たり前だと思うし、自信もなく、判断もできない専門職を信頼できるとは思わない。しかしながら、専門職の判断や決定のみで、障害のある人たちのニーズを確定してしまうことに怖さを感じる。前提として、専門職であっても、他者の気持ちを一瞬に把握して、理解することは困難であると考える。あくまでも、障害のある個々人の自己決定を尊重することが重要である。

　本節では、「自己決定とは何なのか」を明確にし、「自己決定を育んでいく適切な支援」を提示して、最後に「ニーズ構造と探求のプロセス」を解説していきたい。

1 自己決定とは何なのか

　「自己決定を尊重する」という言葉をよく耳にするようになった。これは、障害のある人たちへの支援が、医学的リハビリテーション概念を基本に進められてきた「医学モデル」が中核であった頃とは異なり、障害当事者による自立生活運動などから生み出された「生活モデル」へと転換して、当事者の自己決定というものが重要視されるようになってきたことによる。

　では、自己決定とは、どのようなものであろうか。「自分に関することは、自らが決める」ということに、一点の疑念もないが、意思表示の困難な個人や意思決定に支援が必要な個人に対したときに、どのように考えればよいのかという指標が必要と思われる。そこで、自己決定のレベルを設定し、次のように提起した。

自己決定
「自分の事柄を自分自身で決めていく」という意味である。提示されたいくつかのなかから選ぶ自己選択とは異なり、何の選択肢も与えられない状態で決めていかなければならないので、重い障害のある人には難しいかもしれないが、支援者が尊重していかなければならない事柄である。

（1） 感覚的表現——第1レベル

　生物は、「快」と「不快」という感覚で決定することが基本である。動物であれ、植物であれ、生きとし生けるものは、気持ちの良いことはしたいし、気持ちの悪いことはしたくない。「ヒマワリは、太陽に向かって成長する」といわれるが、植物にとって太陽の光が心地良いものであると想像できる。また、ペットの犬や猫の様子を見ると、自分たちの心地良い場所にいることが多い。このように「快」であるか、「不快」であるかの表現こそ、最も基本的な自己決定であると考えた。

　重度心身障害児（者）や重度知的障害のある人たちであっても、「快」や「不快」を表現することが可能である人が多いと感じている。その表現は、私たちとは異なり、言葉による表現ではなく、小さな表情の変化や身体動作の変化という発見しがたいものや、発熱や下痢というように、病気と勘違いされる場合もある。専門職は、このようなかすかな変化に対して敏感に反応し、自己決定にかかる表現としてとらえられるようになる必要がある。「自己決定ができない」と考えていたが、よく考えると、当事者が表現している自己決定の表現に対して、支援者が理解してこなかったと考えられることもある。このような感覚的表現を読み取れるようになると、「自己決定のできない人」というレッテルは、外されていくのである。

（2） 嗜好的表現——第2レベル

　次のレベルになると、対象に対する相対的な感覚が加わって、自己決定していくようになる。好きなことは、欲しくて求めていきたいが、嫌いなものは欲しくないということになる。この好きか、嫌いかという「嗜好的表現」は、個々人の持つ特有の好みによるものである。これは、物質的なものばかりではなく、人為的なものも含めて考えていかなければならない。「承諾」という肯定的表現と「拒否」という否定的表現が存在すると思われるが、両者ともに自己決定の表現としてとらえなければならない。

　無数の選択肢があるなかから、自らが自己決定を下していくことには、大きな困難性があると思われるため、専門家が決定した数種の選択肢から選んでいくほうが容易であることが理解できる。これを「自己選択」と呼んでいるが、この選択肢のなかから絶対に選ばなければならないのではなく、すべてを拒否することも可能にして

おかなければならない。専門職が障害のある個々人をよく考えて選んだ選択肢であれ、一つも該当しないこともあり得ると考えるべきである。専門職は、自分の好みを知っておかなければならない（自己覚知）し、相手の好みを理解し受け入れる柔軟性（受容）を身につけておかなければならない。専門職好みの選択肢であれば「自己決定した」と認識し、好みから外れると「自己決定できない」とか「わがままである」という判断をしてしまっていることはないだろうか。

　利用者の好みや習慣というものは、環境から大きな影響を受けるものである。よって、障害のある人たちの嗜好的表現が出てくる背景には、どのようなものがあるのかを知る必要がある。彼らの表面的な表現のみを見るのではなく、彼らのバックグラウンドに目を向けていくことにより、嗜好的表現による自己決定の真実が理解できるようになる。

（3）　思考的表現——第3レベル

　最終レベルは、現在の決定によって、将来が幸福になるか、不幸になるかを考える段階である。現在の決定により、将来的にどのような変化がもたらされるのかを予想（シミュレーション）しなければならない。人は誰も、将来的に幸福となるような決定を選択しようとするが、未来を予測することに大きな障害を持っており、過去の経験を記憶しておくことが難しい知的障害のある人たちや社会経験の乏しい身体障害のある人たちは、この「思考的表現」が苦手であるといえる。過去の経験を踏まえたり、将来の方向性を提示したりすることにより、具体的で説得力の高い自己決定と評価されることが多い。しかし、このような論理的組み立てによる解説を伴った自己決定を苦手とする利用者は、「よく考えていない」とか「熟考が足りない」と怒られたうえで、自己決定ができないというレッテルを貼られてしまうことが大半である。

　これらのレベルを考えたときに、障害のある人たちは、常に第1レベルの「感覚的表現」や第2レベルの「嗜好的表現」でしか表現できておらず、障害のない人たちは、常に第3レベルの「思考的表現」をしているという認識が正しいのであろうか。例えば、人生における「最大の決断」といわれる「結婚」に至った理由を尋ねると、

「将来のことを考えて、自分にとってプラスになると思って結婚しました」という答えが少なく、「その時、好きと思っていたのでしょう」とか「ものの弾みです」と答える人々も少なくはなく、遠い将来のことを考え、緻密な計算による決定を試みている人のほうが圧倒的に少ないと実感している。

どのような人間であれ、直感や好みといわれる基本レベルの要素で、さまざまな決定をしているが、話している相手に伝えるときに、熟考したように見せかけているのではないだろうか。その「見せかけ」が上手ではなく、コミュニケーション能力も低い障害のある人たちは、「自己決定できない」と言われてしまうのである。本当は、彼らもさまざまな方法で、自己決定を表現している。そのかすかな表現に気づき、認知することが、専門家の役割といえる。このような意味から考えると、意思決定（Decision-Making）を支援する法律を整備する必要性を感じるし、その支援ができる人材を育成していかなければならない。

2　自己決定を可能にする要素

障害のある人たちを支援するときには「ニーズ優先」という考え方を持ち、自己決定という原則を忘れてはならない。障害のある人たちは、他人が決めた目標に向かって進んでいくという旧来の生活パターンから脱却し、自分で目標を設定していくという生き方を求めなければならない。しかし、幼児期から自己決定を尊重されてこなかった人が多く、自分で選んだり、決定したりすることに自信をなくしている人も少なくない。

自己決定が、障害のある個々人について、可能か否かでみるのではなく、自己決定能力を育てることが大切である。自己決定を可能にしていく要素として、次のようなものがあげられる。

（1）　障害のある人が決めた事柄に対して、周囲の人が即座に否定しない

障害のある人たちが口にした決定に対して、家族をはじめとする周囲の人が、その意見を一瞬のうちに否定してしまうことがよくある。自分の意見を聞いてもらっていないと思うと、自分の意思を告げられなくなることが多い。自分の意見に耳を傾けてくれているという安心感は、自己決定を促す要素となっていく。

世界の言語をみると、英語のように動詞が二番目に位置していることが多く、会話の中で比較的早く結論が出されるが、日本語は最後の一言で、肯定と否定がひっくり返る難しい言語である。「私は行きたい」と「私は行きたくない」という言葉を比べてみると、「行きた」までが同一であり、最後の言葉までわからないはずである。否定で終わらせたいと思っているのに、途中で肯定として理解されてしまうと、もう話したくなくなる気持ちは理解できる。だからこそ、利用者の話を丁寧に聞くことが重要になってくる。また、アルファベットは26文字しかないが、日本語は平仮名だけでも50音があり、これに加えて、カタカナ、漢字、さらにローマ字も含まれる。これだけ、日本語は難しいのである。言い換えれば、日本語を上手に使いこなせたら、こんなに美しい言葉はない。しかし、言語障害のある人や難しい表現ができない障害のある人たちには、やっかいな言葉である。

（2）　小さな達成感を繰り返し得ていくことで、障害のある人に自信をもたせる

　障害のある人たちは、障害のない人たちに比べて、何に対しても多くの達成感を得られないままで成長する場合も多々みられる。幼児期からの生活を考えても、介助を必要とする場面が多く、自分が成し遂げたことなのか、介護者が成し遂げたことなのかが、わからないままで時を過ごしてしまう。小さな達成感を繰り返し得ていくことにより、自分の決定に自信がもてるようになる。

　私が小学校の低学年だったころ、四歳年下の弟とともに、自動車がとても好きであった。母親は、弟には「プラモデル」を買ってきたが、私には「完成した自動車」を買ってきてくれていた。私は、ある日、自分もプラモデルが欲しいと訴え、買ってもらった覚えがある。手にも障害がある私は、自分でつくることができないので、母が手の代わりをしてくれて、私が言うとおりにつくってくれた。そして、完成した車を見ると、弟のものよりも大変きれいにつくられていた。母は、「お前がつくったのだよ」と言ってくれたのだが、どうしても自分の達成感としては感じることができなかった。

　どんな形になったとしても、自分が成し遂げたという達成感に勝るものはない。この達成感を積み上げることで自信が築かれ、自己決定につながっていく。

（3） 他者との意見相違が、介助に影響しないという安心感を与える

　介助を受けなければならない人の「本能」ともいえるが、他者との意見が異なる場合（特に介護者との意見相違）に、相手に悪い感情を与えてしまうことにより、心地良い介助が受けられなくなるという不安が先立ち、「イエスマン」といわれるようなキャラクターを演じるようになり、時を経ることにより「自己決定しない人」という人格になっていくことがある。

　車いすに乗った人は、介助をしてくれる人から「トイレに行っておきませんか」とよく言われている。車いすが入れる多目的トイレが目に入ると、「今、行かせておかなければならない」という意識が働くのか、この種の声かけが多くなる。「ここで行っておいてくれるほうが助かる」という意思の表れであるかもしれないが、障害のある人は、自分でできないことが多く、助けてもらわないと生きていけないという「本能」があるので、言うことを聞いてしまうことがあることを忘れないでほしい。

　このような事柄からも、第三者である相談員が「介護」という要素を抜いて、自己決定を支えてくれる意味は大きいと考えられる。

（4） 雑然としているデマンド（欲求）を整理して、目標を明確にしていく

　当面の目標が明らかでないと、具体的な方法論が出てこないことは、いうまでもない。目に見えて、目標が達成できる可能性が大きいと確認できる事柄をともに求めていくことで、自己決定への意欲が湧いてくると同時に、自分への信頼感も育っていく。

　相談支援事業所へ来る人の大半が「困っている」と発言する。やはり、困っているから相談にくるのだろうが、「どうして困っているのですか」と聞くと、すぐに答えられる人はほとんどいない。そのような人と面接（アセスメント）するときは、朝起きてから、夜寝るまでの詳細な困難さを聞くことにしている。1日の総計で考えると、普通の人で30から40個の困り事があることがわかる。この数字の困り事が自分にはあると思ったときのプレッシャーは、大変大きく、自己決定する意欲もなくしてしまうことも少なくない。このプレッシャーを少なくするには、この「困り事」を整理する必要がある。午前の時間帯にヘルパーを入れれば、いくつの困り事が消え

るかを一緒に考えていくことが大切である。午後や夜間に関しても、同様に整理することが必要である。この整理を重ねていくことにより、30から40個あった困り事が、5個ぐらいに軽減されたならば、精神的負担も軽くなり、具体的な目標に向かう気持ちを持つことが可能となり、自己決定を促す環境が整うことになる。

（5） 過去の経験を素材にしたシミュレーションを可能にすることが必要である

　障害のない人たちが自己決定をする際に、何を選ぶかを考えるときには、過去の経験に基づいて「将来像を仮想する（シミュレーション）」ことが必要である。このような考え方は、障害のある人にも欠くことのできない事柄であり、幼児期より多様な経験や体験を実感させておくことが大切だが、成人期以降の人に対しては「情報提供（インフォームドコンセント）」を丁寧に実行することが必要である。

　障害が理由となり、そのライフステージで経験するはずの事柄から遠ざけられていた人たちは、一般に当たり前とされる知識や考え方が備わっていないことがある。好ましい経験や好ましくない経験を数多く経験している人は、新しい決定をしなければならない際も、いろいろなケースを想定して、過去の経験と照らし合わせるなかで決定を下していける。逆に、経験が希薄な人は、自己決定をするスケールが見つからないといえる。決め手を欠いたまま迷い続けるなかで、「自己決定ができない人」というレッテルが貼られることになる。そのライフステージで経験しなかったことを後で補うことは、大変難しいといえる。20歳を越えた人が、かくれんぼや鬼ごっこを経験したとしても、幼い頃とは異なった意味になってしまう。障害児の療育に携わっている人たちには、障害があっても、でき得る限り多種多様な経験をできるような環境をつくってほしいと思っている。

　多くのことを経験することなく大人になった障害のある人や、過去の経験を忘れてしまう知的障害のある人に関しては、丁寧なインフォームドコンセントを心がけ、メリットとデメリットも説明することにより自己決定の材料を提供するという気持ちになることが必要である。どんなに優秀な人であっても、経験していないことや知識が入っていないことを決めることは、困難なことなのである。

このような五つの要素を整えていくことにより、障害のある人たちが自己決定能力を増大させる環境がつくられる。米国では、自己決定に困難を伴う障害のある人に対して、意思決定を支援する法律が制定されている。わが国においては、自己決定が困難だと思うと、本人に代わり、両親が決定を下してしまうことが多い。親であれば、本人の代わりに決定してもかまわないという考え方の専門職が多いと感じる。親だから本人の悪いような決定はしないと考えるのが妥当かもしれないが、筆者の場合のことを考えると、親が最良の決定を下してくれたと思えないことも多々ある。親の決定が悪いわけではないが、あくまでも本人の意思決定を支える気持ちを忘れてはならない。

第3節 ニーズの構造と探求するプロセスを考える

　本節では、「利用者本人のニーズを大切にしなければならない」とよくいわれるが、現実としては「サービス優先」となってしまっている状況を考え、「ニーズ優先」の大切さを再認識したい。「ニーズ優先」としなければならない理由を明らかにし、ニーズの構造を知り、利用者とともに「リアルニード」を探求していくプロセスを提示していきたい。そして、利用者が目標に到達したときに、心から喜びがあふれるような「個別支援計画」を作成する基礎知識を解説する。

1　ニーズ優先とは何か

　近年になり、「ニーズ優先」という言葉をよく聞くようになってきている。利用者本人が持つニーズを充足させるために、社会資源を調整することがケアマネジメントの目的であるならば、「ニーズ優先」はいうまでもないことである。しかしながら、現場においては「サービス優先」の状況が存在している。この「サービス優先」という考え方は、利用可能なサービスをニーズに合わせて出していくという形になり、結果的には「ニーズ優先」のようにみえることも多い。しかし、この「サービス優先」の考え方は、誰もが誤りであることは承知している。それでは、どうして「サービス優先」になってしまうのだろうか。

　支援者は、自分が持つ力量の範囲で、提供することが可能なサービスを想定しながら、利用者にアセスメントすることがある。要するに、無意識か意識的かにかかわらず、利用者から自分の力量では充足させることが難しいニーズを引き出さないようにしているのかもしれない。これは素直に、利用可能なサービスを提供することにより、喜んでもらいたいという気持ちの現れであるが、利用者に別の事業所へ移られては困るという囲い込みの意識が働くこともある。相談員は、利用者から提供困難なサービスを求められることが恐怖と思うこともある。自分の手持ちカードで勝負したいという思いは、十分に理解できるが、自分のカードは数に限りがあり、テーブルの上にはカードの山がある。この山になっているカードを使用

> **ニーズ**
> 利用者が求めている事柄、欲している事柄を総称して「ニーズ」と呼んでいる。「ニード」ではなく、「ニーズ」という複数形で表現している理由は、人間の欲望というものは、一つに留まることなく、複数になって表出するためである。

するには、「連携」といわれる他者とのネットワークを築いていかなければならない。

　公的介護保険に携わる介護支援専門員の研修において、「ニーズ優先」という事柄を理解しながらも、要介護度によって上限設定された介護費用のなかで、利用者が効率よく介護サービスが受けられるように「サービス・パッケージ」という考え方を提示したこともある。要するに、なるべく隙間がないようにサービスを縫い合わせるという意味で、「パッチワーク」と呼ばれる技法を用いることもある。一概にはいえないことであるが、高齢者の要求の大半は「介護ニーズ」ではないだろうか。もちろん、障害のある人たちも「介護ニーズ」が基本となるが、現実には社会的な要素が加わり、「自己実現ニーズ」へと発展していく。ここに差異を感じなければならない。

　「ニーズ優先」とは、利用者のいいなりになって、相談員が孤軍奮闘することではなく、彼らの思いを重要視しながら、実現が可能で、わかりやすい到達点を探し求める行為だと理解している。自分のニーズが全く無視されたと感じたときの利用者は、やる気の出ない、無気力な人物へと変容する。そして、支援の効果が出ない日々が続き、無駄な時間を過ごしてしまうことになる。このようなことにならないためにも、「ニーズ優先」を心がけることが必要になってくる。

2　ニーズ構造と探求プロセス

　自己決定に対する積極的姿勢を表してもらうためには、「本当に求めるもの」を明らかにしていくことが必要であると前節で述べた。従来のニーズ把握は、利用者がもつ欲求を広角的にとらえ、その部分的個々を断片的に取り扱ってきた。この観点では、日常生活場面において、個々のニーズから総体的なものを把握していく方法や、総体ニーズを充足させていく方法が見えてこない。「利用者が真に求めているもの」というリアルニードを明らかにしていくには、以下の探求プロセスを経過していく必要がある。

（1）　デマンド（Demand）明確期——自分が何を求めているのかも明確になっていない利用者のさまざまな言葉に耳を傾け、彼らの率直な欲求を整理していく段階

幼い頃から主体的に生きることから遠ざかってきた障害のある人たちは、自分の意見を述べることさえも躊躇していることが多い。そのような障害のある人に対して、自分が求めている事柄を表出させるには、何でも遠慮なく話せる環境の整備が必要となる。心の中にあるまだ形にならない思いは、外部へ出さないとニーズへの階段を上り始めることはない。利用者の心にあったモヤモヤが表出されたものが「デマンド」と呼ばれるものである。このデマンドは、ニーズの最も初期段階と呼んでも過言ではない。ニーズの抽出は、この段階から始まっていると認識しておく必要がある。この段階は、相談支援専門員と利用者の間に、ラポール（専門的信頼関係）をつくり出すことから始める必要がある。

【ニーズ抽出ストーリー①】
　自分の欲求や希望を全く語らなかった生活介護事業所に通っているＡさん（女性、22歳）は、地域生活支援センターの相談支援専門員による面接において、最初は「何もやりたいことはありません」とか「目標なんかありません」と語っていたが、徐々に心を開けるようになり「旅行に行ってみたい」という気持ちを初めて口にした。Ａさんが初めて心の想いを打ち明けたことに強く共感し、支援していくことを決定した。

（2）フェルトニード（Felt Need）構成期──利用者の口から出た心の叫びであるデマンドを発展させ、具体化していくなかで、自らのニーズを再確認させる段階
　利用者が口にした具体化していないデマンドは、相談支援専門員と話し合うなかで、その実像を形づけていく必要がある。このデマンドに対して、いつ（When）、どこで（Where）、誰と（Who）、誰に（Whom）、何を（What）、なぜ（Why）、どのように（How）したいのか（６Ｗ１Ｈ）、を明確にしていくことで、具体的な内容が明白になった「フェルトニード（感じたニード）」にしていくことが重要である。利用者のデマンドを発展させたフェルトニードは、支援者が「実現不可能」と感じた場合でも、途中であきらめさせるのではなく、フェルトニードが完成するまで、丁寧に聞き取り支援していくことが大切である。

【ニーズ抽出ストーリー②】

　「旅行がしてみたい」というデマンド（欲求）に対して、相談支援専門員は具体化していく面接を数回にわたって繰り返し、長年の夢であった「ロサンゼルスのディズニーランドへ、来年の４月頃に、ボランティアと一緒に、１週間くらいの旅を実現させたい」というフェルトニードを完成させることができた。あとの具体的な内容は、障害のある人の旅行を実施している会社へ依頼することに決まった。

（３）　ノーマティブニード（Normative Need）提示期——さまざまな要素において実現不可能と判断した際に、支援者が利用者の立場になって、相対するニードを提示していく段階

　この段階は、支援者が利用者から表出されたフェルトニードを受け入れたうえで、関連する専門職から種々の意見や見解（医学的・経済的・精神的・人為的等の要素）を聞き、実現することに無理があると判断した場合に、「利用者もこのように考えてほしい」という思考を基本として、利用者の立場で思考した「ノーマティブニード」を提示していく必要がある。このノーマティブニードは、「規準ニード」と訳され、「通常は、こう考えるだろう」という事柄を指す。

　間違ってはならないことは、支援者が自分自身の価値観を基準とした意見を述べるのではなく、「もし私があなただったら」という考え方を基本としなければならない。そして、その提示の仕方は、あくまでも提案型でなければならない。専門家であっても、自分の意見を押し通したいときには、威圧的な態度や声を用いることがある。「自分の意見のほうが正しい」と強く思っていても、提案という対等な形でないと支援者が支配的な存在であると認識される可能性が強くなる。

　ノーマティブニードを提示する意味は、フェルトニードと相反する考え方をぶつけることにより、利用者が持っている意思の強さを計ることができるし、もっと具体的に掘り下げていくことも可能になることも含まれる。利用者の表出したフェルトニードをありのままに受け入れることも大切なことだが、彼らの意思を強化していく意味でもノーマティブニードの提示が必要である。

【ニーズ抽出ストーリー③】
　医師や理学療法士（PT）に相談したところ、Aさんの障害状況で「10時間の飛行機移動はつらい」という判断が出された。さらに、ボランティアの旅費を負担することを考えると、障害のある人たちを歓迎しているツアーに参加しても40万円が必要と思われるが、貯金通帳には20万円しか入っていないという現実があった。このような状況を考慮して、「隣県にあるテーマパークへ行く」というノーマティブニードをAさんに提示した。

（4）リアルニード（Real Need）考察混沌期──フェルトニードとノーマティブニードが、両者の間で、カオス（混沌）状態をつくり出し、リアルニードを生み出そうとする段階

　この段階では、専門家が提示したノーマティブニードが強過ぎないように、注意しなければならない。以前は、支援者のノーマティブニードを強くぶつけることにより、支援者の意見が利用者の意思を「押し切る」という支援方法を取ったこともある。そして、このような方法が最善であると思われてきた。その時代において、最も大切であると考えられていたのは「リスクを負わないこと」であり、安全な状態を保つことが最優先とされた。要するに、本人のニーズを探り当てようとするよりも、「安全・安定」というものに集約されていった。

　しかし、逆にフェルトニードを優先し過ぎることにより、実現に結びつかないものになる危険性も出てくる。社会性が乏しく、現状認識に欠ける利用者が表出したフェルトニードをリアルニードとすれば、実現が不可能になる確率が上がる。「失敗は成功の元」という言葉を信じて、学習してほしいという思いで、現実味に欠けると理解しながらも、それを目標として提起している。利用者か支援者かというように二者択一的にリアルニードを極端に接近させることは避けたほうがよく、時間をかけて双方が納得できる結論を導き出すことを大切にしたい。

【ニーズ抽出ストーリー④】
　Aさんは、身体的な問題には自信を持っていたが、初めての海外旅行ということで、専門職のアドバイスに納得することができた。また、経済的にも資金不足を知ることができて、ロサンゼルスに行

くという意見を自ら引き戻した。しかしながら、隣県のテーマパークでは納得がいかず、相談支援専門員もAさんのフェルトニードとはかけ離れすぎていると思い、もう少し話し合うことが必要だと認識して面接を繰り返した。

（5） リアルニード（Real Need）表出決定期──サナギを割って、美しい蝶が飛び立つように、カオスの状態を経たニードが、真のニードとして確立される段階

　この段階は、利用者と支援者が双方に納得できる「リアルニード」をつくり上げ、表出していく段階である。ここでは、双方のニードから完全にかけ離れたものにするのではなく、重要な要素を残す必要がある。蝶の幼虫であるアオムシは、成長するとサナギをつくって、蝶へと完全変体を遂げる。サナギの中は、アオムシが細胞単位まで溶解し、ドロドロになった状態（カオス）を経て、美しい蝶となる。では、蝶の象徴とも呼ぶべき「美しい羽根」は、どうやってつくられるのであろうか。私が尊敬する元京都大学教授で動物学の権威であった日高隆敏先生は、生前に「美しい羽根は、アオムシの胴体中に、折り畳んで仕舞い込んであるのだ」と丁寧に教えてくださったことを思い出す。

　このようにニードが変化し、目標が変化したように見えたとしても、根幹になる部分は残しておく必要があり、大切にしておかなければならない。一足飛びには難しいが、リアルニードを求めていく行為は、自分の大きな夢に近づいていく一里塚として、段階的に発展していくと認識する必要がある。そして、遠くに見える目標に向かい、一段ずつ階段を上るような感覚で、大きな目標へと到達していくという考え方が必要である。

【ニーズ抽出ストーリー⑤】
　数回の面接を経て、導き出された利用者のリアルニードは、「来年の4月に、ボランティアと一緒に、東京ディズニーランドへ行く」というものであった。Aさんも喜びにあふれ、相談支援専門員も納得のできる結論を導き出すことができた。しかし、この「東京ディズニーランドへ行くこと」が最終目標ではないということを確認しておかなければならない。数年後には、必ず「ロサンゼルスのディズニーランドへ行く」という最終目標への通過点であるという理解

が必要である。このように、夢を叶える方向性を見据えたリアルニードを設定していくことが大切であり、Aさんのニーズを重要視することになる。

3　意思決定支援の重要性

　前述しているが、「本人ニーズ」を尊重することは、いうまでもなく重要な事柄である。この他にも「利用者主体」や「利用者本位」という言葉に代表されるように、本人の意思決定（Decision-Making）が重んじられるようになってきた。本人の意思決定を支援することは、口で言うほど簡単なことではない。どんなに優秀な支援者であれ、経験を積めば積むほど、自分の意見に自信を持ってくる。この支援者の自信が傲慢さを生み出し、利用者を自分の言いなりに操ろうとする行為に結びついていく。このような行為は、利用者の主体性を奪う結果につながり、彼らの「宝物」ではない目標を設定してしまうことになる。

　このような危険性から逃れるには、やはり「個別支援会議」を持つことが重要となる。支援者個人で考えていた目標設定を会議において論議することにより、より利用者のニーズを優先させた目標設定へと成長していく。利用者自身もできるだけ参加した個別支援会議において、複数の支援者から正しい意思決定支援を受けた障害のある人たちは、自分の心にあるデマンドを遠慮なく表出できるようになるし、一人の支援者に操られることもなくなる。

　このようなプロセスを経て、表出したリアルニードが現実となっていくと実感することが、利用者にとっての重要なポイントであり、さらなる目標に向かって進んでいく気持ちを増大させていく。この探求のプロセスは、早く展開させなければならない。ニーズの賞味期限は長期ではないと考えている。ニーズは放置しておくと、すぐに食べられない状態になってしまう。短期間に叶えられるものから始めることも重要なポイントである。

第4節 ストレングスモデルに基づく「本人中心支援計画」

　他者を評価するときに「成功していることや良いところをみましょう」という言葉は、教育を担当している専門職ばかりではなく、子育てをしている両親であっても、よく使用している。しかしながら、日常の生活においては、他者の失敗や悪いところを指摘しながら、「あのようになってはいけません」や「あんな悪いことをしないでください」というように、反面教師的な手法を取ることが多いのではないだろうか。このような教育を受けてきた私たちは、他者の良いところをみるよりも、悪しきところや問題点をみようとする教育を受け続けてきたことになる。

　このような教育を受けてきた私たちは、障害のある人たちに対しても、健常者に比べて劣っているところや問題になっているところばかりに目が向いてしまう。障害のある人たちが保有する「障害」というものは、リハビリテーション等により、ある程度は改善されるかもしれないが、健常者と同等なレベルまで改善されることはないことが多い。一般レベルから劣っているところを強化して、「標準レベル」に引き上げることが可能であったとしても、「普通」というレベルに達したに過ぎない。障害のある当事者や家族、そして支援者までが、このような標準レベルまで引き上げる努力を数十年に渡って継続したとしても、そのゴールが「平均水準」を著しく越えることは考えられない。米国の自立生活運動では、「軽依存による自立」という考え方が強調された。数十年の努力を費やして、自分のできないことをできるようにするという考え方は、障害のある人には時間的経過という概念を適応せず、障害のある人が過ごす時間は、家族や支援者が達成感を得るための時間のようにみえる。要するに、できないところは介護者に依頼して、自分は一般水準を少しでも越えられる可能性がみえる部分を強化できたならば、社会生活においても十分に通用すると考えられる。

1 「ストレングス」という言葉が意味するもの

　「ストレングス（Strength）」という言葉を辞書で調べると、「強さ・力」と表記されているものが多い。わかりやすく言えば、「長所」

ストレングス
人の「長所」や「強み」という意味で使用されている。専門職にある人は、利用者の短所や弱みに注目することが多く、問題点を改善することに終始してしまう。しかし、ストレングスに着目することにより、より効果的にエンパワメントしていくようになる。

と言い換えることができる。ストレングスモデルは、その人が、元来持っている強さ・力に着目して、それを引き出し、活用していくケースマネジメントの理論・実践の体系である。

チャールズ・ラップ、リチャード・ゴスチャ『ストレングスモデル』によると、ストレングスには、次の4種類があると述べている。

（1） 個人の属性（性質・性格）

その人がどういう人なのかを表すものである。「歌うのが上手である」「人なつこい」「努力を惜しまない人」などである。

（2） 才能・技能

その人が持っている才能や技能のことを指す。「英会話ができる」「パソコンを使いこなすことができる」「ピアノを弾ける」などがあげられる。

（3） 関心・願望

その人が関心を持っているもの、強く願望しているものである。ストレングスモデルでは、もっとも重要視されるといってもよい。「フランスへ行きたい」「英会話を教えたい」「デザイナーになりたい」などがあげられる。

（4） 環境のストレングス

その人の持っている資産、人間関係、近隣の地域資源など、その人の外にあって活用することのできるものが「環境のストレングス」というものになる。「預貯金がたくさんある」「地域の民生委員がすごく親切でお世話になっている」「お弁当屋さんが近くにある」などが代表的なものとしてあげられる。[1]

このように、ラップとゴスチャは四つの分野に分けて「ストレングス」を説明しているが、ここでは、カテゴリー分類が複雑になってしまうのではないかと考え、障害のある利用者に内在しているもの（①②③）を「個人のストレングス」とし、利用者を取り巻く環境にあるもの（④）を「環境のストレングス」と規定し、二つのカテゴリーに集約して使用する。

図表2-12にあるように、個人のストレングスと環境のストレングスが、相互作用のなかで、より活用できる資源として機能するこ

1） Rapp,C.A.,Goscha,R., The Strengths Model : Case Management with People with Psychiatric Disabilities,Second Edition, Oxford University Press, 2006（C. A. ラップ・R. J. ゴスチャ、田中英樹監訳『ストレングスモデル』金剛出版, 2008.）

[図表2-12] ストレングスの意味するもの

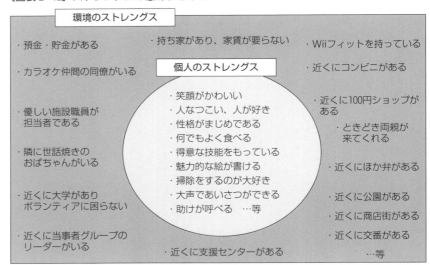

とが、最大の支援につながると考えられる。

「子どもは褒めて育てろ」といわれる。「褒める」という行為は、劣っている点や問題点を指摘するのではなく、優秀なところや合格点のあるポイントを高評価したものといえる。自宅の子供部屋を片づけない娘に対し、私の妻は「あの子は、怒らないと部屋を片づけない」と愚痴を洩らすことがあった。それを聞いていた私は、妻に対して「そんな考え方をするのではなく、怒ると片づけてくれる『良い子だ』と考えてみたら」と提案した。少し力技になるが、無理にでも「ストレングス思考」に変化させていかないと、従来のネガティブ思考からは脱却できない。

2 ストレングスが生み出すポジティブ思考による支援計画

個別支援計画において目標とされる事柄は、前にも述べているが、本人が「宝物」と思えるものでなければならない。世間一般の価値基準ではなく、個人が「望むアウトカム」が基準とならなければならない。

筆者の事例を用いて、ストレングスモデルを説明したい。私は生後間もなく、重症黄だんによる「脳性マヒ」を原因とする四肢および体幹機能障害をもっている。身体障害者手帳の等級は、最重度の1級であり、障害支援区分も「6」という最重度判定を受けている。1年間の就学猶予を受けた後に、大阪にある養護学校に通学するこ

とになった。一般の小学校にある「体育」という時間が、養護学校では「機能訓練」という名称に代わっていた。小学部1年生になって、1回目の機能訓練の時間に、担当のPTから「あなたの目標は、10mを歩くこと」と決めつけられた記憶がある。私は「頑張ったら、歩けるようになるよ」という言葉を機能訓練の時間ごとに、語りかけられていたような感覚が残っている。はっきり言って、私自身は「歩くこと」に関して、そんなに大きな魅力を感じてはいなかったし、歩くために痛い思いをしたり、つらい思いをしたりするのが嫌だったと記憶している。しかし、担当のPTが放つ熱意と両親の期待が私を包み、知らず知らずのうちに洗脳された状態となり、歩くためのリハビリに没頭するようになった。

　そして、小学部5年生の終わり頃には、1本の杖をついて、30mの距離を歩けるようになった。30mが歩けるようになると、大半の日常生活に対応できると判断することができる。担当のPTは、自分の目標設定が正しかったことを確信し、母親は、泣きながら喜んでくれた。冷静さを装っていた父親は、次の朝に目覚めた私が驚いたのだが、私の木製杖に彫刻刀とマジックで装飾し、それはインディアンのトーテムポールに似た模様になっていた。このような状況のなかで、私自身もうれしくなり、自分の限界を超えるほどの歩行を繰り返してしまった。この無理が原因と思われるのだが、半月くらい経過した時に、両大腿部の筋肉が肉離れを起こしてしまった。そして、1か月間の寝たきり状態になり、その後は歩くというよりも立つことすら難しい状態になってしまった。そして、担当PTは「もう一度、歩くことを目指すのであれば、10年はかかると思ってほしい」と語り、車いすでの生活を選ぶか否かを1週間くらい考えなさいと言った。

　私は、もともと歩くことに大きな執着心はなかったし、これ以上、痛い思いやつらい思いをするのが嫌だったので、車いすの生活を選ぶという結論を出したかった。しかし、現在とは異なり、約半世紀前の状況においては、車いすでの生活は大幅には動けないことを意味していた。要するに、車いすでの生活は、在宅生活か施設収容の道につながると考えなければならなかった。それゆえに、ずいぶん悩まなければならないはずであったが、母親の気持ちを除いて、自分自身は車いすでの生活を選択しようと決めていた。それは、将来的に、車いすでも十分に生活することが可能になる地域社会が実現

すると信じていたし、自分の力で実現していこうと思っていたからである。

　最後の懸念になっていた母親の気持ちは、私が歩くことによって、母親が持っている罪の意識が軽減されると思っていたことと、本当に喜んだ姿を見たからであった。しかし、自分の素直な気持ちを伝えなければならないと思った私は、母親に「僕は、もう歩けなくてもよいと思っている。これから先、車いすに乗って生活していくことを望みたい」と伝えた。「もう一度、歩く練習をしてほしい。10年かかってもよいから、歩けるようになってほしい」という意見を母親は持っていると思っていた私に対して、母親はとても冷静に「お前も、そう思ったか。実は私もそう思っていたのよ」と話してくれた。また、その決定理由として、「お前の歩き方は、左手で杖をつき、右手をあげて、両膝を曲げながら、倒れ込むように歩いていた。あの姿は、どう見ても、格好が悪い。実の親が見ても、格好悪く見えるのだから、止めたほうがよい。お前は、これから格好良い車いすに乗って、かわいい女の子に押してもらうほうがよいと思う」と説明を加えながら、自分の思いを語ってくれた。そして、「これからは、機能訓練に使っていた時間を勉強に使うようにしなさい。お前が健常者と対等に仕事をしていこうと思うならば、たくさん勉強することと、話すことが上手になることだ」と激励してくれたことを覚えている。

　もし、あの時に「やっぱり歩いてほしいので、リハビリを続けてほしい」と母親が言っていたならば、今のような私はなかったと思っている。私は、リハビリテーションを否定しているのではなく、大きな効果が見込まれる幼児期や青年期において、身体的機能や日常生活動作を向上させていくことは必要だと思われるが、健常者への限りなき接近を目指し「歩くこと」に固守した考え方が、障害のある人たちのストレングスを見えにくくしていると思っている。

3　ストレングスを支援計画に反映させる方法

　サービス等利用計画や個別支援計画を作成するうえで、利用者個々のストレングスを大切にしなければならないが、これはあくまでも、到達目標に向かって進んでいくための道具（アイテム）であると考えてほしい。例えば、知的障害のある女性が1年後の到達目標として、就労継続支援事業A型が経営する喫茶店でウェイトレス

として働くことをあげたときに、笑顔が素敵であり、大きな声で「ありがとうございます」が言えるというストレングスを提示される。このような場合、笑顔が素敵なので、ウェイトレスになることを到達目標にしようと考えるのではなく、あくまでも「ウェイトレスになりたい」という本人ニーズが優先されなければならない。そのうえで、ウェイトレスになるためには、笑顔が素敵であることがストレングスとなることが提示され、目標を達成していくために有効な要素となる。利用者が全く異なった到達目標をフェルトニードとして表出している場合には、支援者が「ウェイトレスになりたい」というノーマティブニードを提示することがあってもよい。

　前節で述べたように、利用者が目標に到達しやすくするため、ゴールの設定を都合よく操作することを前提にノーマティブニードを提示してはならない。利用者のニーズを優先した目標を提示して、数多くある利用者のストレングスから有効性のあるものを抽出したものを道具としていくことが重要である。しかし、自分にはストレングスがないと思い込んでいたり、自分のストレングスに気づかない利用者に対して、彼らのストレングスを一緒に考えて、自覚させていくことは非常に大切である。障害のある人たちは、自分自身を価値のない人間としてとらえ、自分のことを好きではないことが多い。自分のことを好きになれない人は、自分のことを大切に考えることができないし、自分を向上させようともしないことになってしまう。要するに、自分を好きになって、自分を向上させたいと思わない限り、個別支援計画を作成しても、自分のためのものだとは考えられないだろう。自分の設定した到達目標に向かい、自分のストレングスを活用して進むことにより、自らが幸福になれる状況へ到達できるという考え方を定着させることが必要である。

　「ストレングス」について考えてきたが、ストレングスとしてとらえられるものも、生まれながらにして保有しているものは、数少ないと考えられる。このストレングスは、人が成長していく段階で経験したことや体験したこと、家族から与えられるもの、そして教育を通じて獲得してきたもので形成されると考えられる。よって、障害のない人たちよりも障害のある人たちに対しては、幼児期よりストレングスを意識した療育や教育を提供していく必要がある。数多くのストレングスを保有している利用者は、その個が持つ可能性も拡大されると信じている。また、それは、目標と定めたポイント

への道筋が一つではないことを意味している。複数のストレングスを活用できるという利点は、支援者が計画立案して支援を提供していくうえでも、大きな肯定的要素となっていく。ストレングスの形成は、短期間になされるものではない。幼児期からの療育関係者や教育関係者、家族や支援者の励ましや強化によって、ストレングスが生まれ成長していく。このストレングスを強化していく支援が重要であると認識し、生活モデル型支援の根幹として位置づけられることを熱望している。

第3章

計画作成のプロセス

2005年の障害者自立支援法制定以降、主に日中活動としてサービスを提供する事業については、利用者一人ひとりの状況やニーズによって作成される「個別支援計画」に基づきサービスが提供されることとなった。また、複雑な課題やニーズを抱える障害のある人がサービスを利用する場合は、相談支援専門員の作成する「サービス利用計画」をもって総合的な援助を行うことが可能となった。現在、同法は「障害者の日常生活及び社会生活を総合的に支援するための法律」（障害者総合支援法）へと改正され、障害福祉サービスを受けるすべての障害のある人に「サービス等利用計画」を作成し、これをもとに障害福祉サービス等が展開される体制となっている。

　つまり、障害のある人が、望む暮らしに向けて支援を受けるときに、相談支援事業者がつくる支援の総体としてのサービス等利用計画がまず存在する。そしてこの計画に沿って行われる、具体的な各サービスの計画としてサービス事業所ごとの個別支援計画が存在するという形になるのである。サービス等利用計画は総合的な計画書であり、個別支援計画はその過程で具体的に行われる各支援の計画書という棲み分けなのである。

　ただし、この二つの計画は、本来同一の計画であり、「望む暮らしに向けた計画」として統一されてもよいものである。このように二本立てとなった理由は、公的サービス利用にかかる制度的手続きの合理性と透明性を担保することと、サービス利用者と提供者の対等性を担保することが主な目的であると考えている。

　従って、この二つの計画を作成するうえで、基本的な理念や考え方、そして作業手順や配慮すべきポイントはほとんど同じなのである。

　本章では、個別支援計画の作成に必要な手順や留意点、スキル等を説明することを基本とする。しかし、サービス等利用計画の作成に関しても同じように必要な内容を含むため、同時に二つの計画作成に必要な事柄を説明していると理解してほしい。

　具体的には、サービス等利用計画と個別支援計画を作成するまでの過程を時系列でいくつかの節に区分し、第1節と第2節を同一内容の節として、第3節から第5節までを内容を分けた節として設定した。

第1節 インテーク（初回面接）

1 インテークの概要

　インテークは基本的に相談者との最初の接点である。出会いの良し悪しがその後の両者の関係に影響を与えることになるため、この最初の出会いは重要な場面である。この大切な出会いの担当者は支援機関である相談支援事業所の相談支援専門員であるが、そこから始まるであろう支援の担当者ともなり得るものであることから、まずは面接技法をはじめ質の高い技法を備えておかなければならない。

　なお、事業所が個別支援計画を作成するにあたり、第1段階となる「相談支援利用時の状況把握」の段階も「初めて利用者と接する」という意味で、そのポイントとなすところはほぼ同様である。従ってこの節は「インテーク」として説明をしているが、同時に「相談支援利用時の状況把握」に関しても説明をしていると理解してほしい。

　さて、次にインテークの段階をおおむね以下の3点に分けて説明する。

- 相談者の希望や訴えの把握
- 支援の必要性に関する判断およびアセスメントで確認を必要とする事柄の確認
- 相談支援の内容と範囲の説明および利用契約（継続サービス利用支援（モニタリング）を含む）

（1）　相談者の話を聞き、希望や訴えを把握する〜「最初の出会い」

　インテークでは、相談に来た障害のある人からの訴えを聞き、相談支援の必要性の有無をある程度判断をすると同時に、相談者の主訴を整理し確認することから始まる。

　まず、相談支援専門員は、安心して相談できるという印象を相談者に持ってもらうために、「よく来ていただきました」「来ていただいてありがとうございます」というメッセージを伝え、「この人なら相談してみようかな」という気持ちを抱かせるように働きかける努力を忘れてはならない。

2012年4月からの制度改正により、障害福祉サービスの利用を希望する人は、市町村の文書により、サービス等利用計画案の作成依頼を受け、これに基づき指定特定相談支援事業者を訪ねてくることが基本となった。だからといって、相談に来た障害のある人が自身の思いを具体的で的確に伝えられるとは限らない。相談に来た時点で、自らの問題を具体的に整理していることは稀であると考えたほうがよい。

　これは、複雑に絡み合った自身の状況を整理して表現することの難しさによるものと考えられ、単に「一人暮らしをしたい」「働きたい」「施設を出たい」などといった表現にとどまってしまうことが多々みられる。

　言語に障害のある人はもちろんであるが、例えば、言語に障害がなくても、今までの生活経験のなかで自己を客観視する経験を積んでいない場合や自己主張することを周囲から押さえ込まれる経験を重ねてきたような場合に、言語による自己表現力の低下がみられるのである。

　そこで、相談に来た障害のある人が語る言葉を肯定的に聞きながら、相談内容のポイントを整理し、その場でポイントをお互いに確認する必要がある。相談支援専門員には、話を聞きながら相談者の思いや課題を整理してフィードバックすることが求められる。

（2）　支援の必要性に関する判断およびアセスメントで確認しなければならない事柄の確認

　相談者の思いや主訴が理解できたならば、何らかの支援が必要か否かを判断できる。おそらく、相談者と向き合い、話をするなかで、「こんな課題があるのでは」と気づくことが少なからずあると思われる。しかし、この時点での判断はあくまでも「何らかの支援がいる」ということであって、課題を確定するものではない。したがって、具体的な支援内容を判断する必要はなく、支援内容の判断は、アセスメント以降の段階で考えればよいことである。

　ここでは、相談者と共有できた思いや主訴を、相談者が願う「将来のあるべき姿」ととらえ、これを目指すために必要と思われる支援内容や方法をある程度予測し、アセスメントに備えるものである。

（3） 相談支援の内容と範囲の説明および利用契約（継続サービス利用支援を含む）

次に、相談支援専門員は、相談支援事業所と相談支援専門員が提供できるサービスの範囲と、サービス等利用計画案の作成からサービス実施時のモニタリング等にかかるプロセスを簡潔かつ明瞭に説明しなければならない。

説明にあたっては、相談者が理解できる手段や方法で伝えることが求められるので、パンフレットやリーフレットをはじめ、DVDやポンチ絵等を用意しておくべきである。

説明に納得が得られたならば、相談者とサービス等利用計画案作成に向けた契約を結ぶことになる。契約にあたっては、計画作成の主体者が相談者本人であり、相談支援専門員はこれをお手伝いするものという基本的な考え方を意識的に説明すべきである。したがって、当然のことではあるが、相談者の意思により、いつでも意見や修正を要求でき、いつでも契約を解除できることを伝えなければならない。

2 配慮したいポイント

（1） 障害者ケアマネジメントの手法を基本とする支援「出会いから始まる望む暮らし」

障害を抱え自身や家族の生活における諸課題を解決していくための支援を受けようとしたとき、まずどこへ行けばよいのかを普段から理解している人は少ない。また、公的サービスが制度や職務範囲により「縦割り」となっているため、相談に携わる者は、漠然とした相談者の訴えに寄り添うよりも、相談に訪れた人が自分たちの職務範囲に該当するか否かという視点で応対していることが多い。結果として、相談者の思いに到らず、あきらめの意識をもたらすことになってしまう。つまり、障害福祉サービスを必要とする人が、的確なサービスにたどり着くためには、何らかの工夫が必要であった。

平成10年代初頭から始まった「障害者ケアマネジメント」の取組みは、このような状況を打開するための工夫であったととらえることができる。

地域に核となる相談支援専門員（ケアマネジメント従事者）が配置され、障害のある人の思いやニーズに向き合い、必要なサービスを地域の中で調整、またはつくり出し、その人らしく生きることを

支える役割としてのケアマネジメントである。
　この「障害者ケアマネジメント」の考え方や手法を基本とした支援は、今も相談支援事業のなかに息づいているといえるが、相談支援事業所や相談支援員の数等、未だ十分な体制になっているとはいい難い。これからも相談支援事業が質量ともに充実されて行くことを望むものである。

（2）　対象者の発見
　「障害者ケアマネジメント」では、最初の段階として「対象者の発見」の重要性を謳っている。
　「自分の解決したい課題を、どこの誰に、どのように相談してよいかわからない」「自分の持っている課題は自分自身で解決できないし、誰も助けてくれない」「そもそも課題があるとは思っていない」、このように障害があることにより、複雑に絡み合う課題を抱えながらも、どう解決してよいのかわからず、あきらめてしまっていたり、「負の経験」を重ねることにより、現状のなかで生きることに追われ、次第に問題意識すらなくなってしまう人もいる。
　このような人たちに対する支援は、専門職の側から手を差し伸べる必要性がある。専門職が積極的に出向き、会話を重ね、必要な支援に結びつける努力が必要なのである。
　また、相談支援事業所の相談支援専門員には、事業所で相談に来る人を待っているのではなく、障害者支援施設や学校あるいはハローワーク等に出向き、職員と普段から「会話をしている」関係を築いていくことが大切である。さらに、地域の民生委員や障害者相談員、介護保険のケアマネジャー等、管轄する地域で障害のある人と接する可能性がある人々とも同様に関係を築いておくべきである。普段から「御用聞き」のように出向き、関係を持っているなかで、対象となる障害のある人を発見していくことが求められるのである。
　これは担当する障害のある人へのサービスをコーディネートするときにも地域資源を把握しているという意味で「力」となるものであり、単に地域の資源を「知っている」という知識ではなく、それぞれの関係機関や人とお互いの顔が見える関係になってこそ「力」となるものである。

(3) 初めは課題解決からでかまわない

「本人中心の支援」「望むアウトカムに向けた支援」を心がけて計画を立てるというと、相談者が抱える問題や課題に着目した支援のみでは不十分であるかのような誤解がある。

まずは、相談に来た人に、「あなたの抱えている問題の解決に向けて一緒に考えましょう」というメッセージを伝え、「この人に相談してみようか、なんとなく信用できそうだ」と思ってもらうことが大切である。決して無理強いはせず、相談者に寄り添い、一緒に「悩み」を解決する者として認識してもらうことから関係構築が始まるのである。相談者が抱えていた悩みを解決（あるいは改善）する経験を相談者自身にしてもらうことで、次に「こういう自分になりたい」「こういう生活をしたい」という前向きな気持ちを育むことになる。この点を押さえたうえで、まずは、目の前にある相談者自身の「悩み」の解決を当面の計画とすることでもよいと考える。

(4) 相談者の良い点（長所等）を一緒に確認する

相談者は初めて相談に来たときに、対応してくれる人がどのような人で、自分の抱えている課題や思いを受け止めてもらえるのかなどと不安に思い、受け止められなかったときのことを最初から考え、少し距離感を持っている場合がある。これまでの生活のなかで、周囲の人々との関係は必ずしも満足のいくものではなく、「疎外」「遠慮」「あきらめ」といった経験を多く積んでいる場合、最初から信頼を寄せてくることは少ない。周囲に対するこれらの「負の感情」とともに、自分自身に対しても「自信のなさ」や「劣等感」という「負の感情」を持っている。しかし、アンビバレントな感情（裏腹な感情）として、「他者から認められたい」「自分はまだ頑張れる存在」といった「正の感情」も持っている。ただし、その「正の感情」はおぼろげで、あるいは意図的に否定しようとしている場合がある。

ストレングス・モデルでは、こういったアンビバレントな感情のうち「正の感情」を強化していくことが重要である。インテークという出会いの場面で、相談者を肯定的にとらえ、どんな些細なことであろうと、その人の「良い点」を認める発言をするほうがよい。この発言により「この人は今まで会った人とちょっと違うぞ」などと相談者に思ってもらえれば、支援者との関係構築にプラスに働く。さらに、相談者が「私にも良いところがありそうかな」と考えるな

アンビバレント（ambivalent；形容詞。名詞→ambivalence）
両面価値の感情。愛情と憎悪、独立と依存、尊敬と軽蔑などの全く相反する感情を同時に持つことをいう。対人関係を扱うときは、この両面的な感情を十分理解する必要がある。（『六訂社会福祉用語辞典』中央法規出版、2012．）
例示：「愛憎」→「愛する」と「憎む」という相反する感情を表裏一体として同時に持ち合わせている。

ど、前向きに自分自身をとらえる機会をつくることにも役立つのである。

3　作業遂行に必要なスキル

　鑪本と谷口は、個別支援計画の作成者に求められる基本的な能力[1]として、①実務的・業務遂行能力、②対人関係能力、③概念化・総合判断能力の三つをあげ、さらにそれぞれに属するスキルを示している。これらのスキルはケアマネジメント従事者に求められるものであり、すべて一定水準以上の力を保有することが望ましい。ただし、支援の各段階の違いにより、これらのスキルの必要度はおのずと変わってくる。

　そこで、ここではインテーク段階で特に必要と考えられるスキルについて説明する。

（1）　実務的・業務遂行能力として必要なもの
① まずは知識

　インテーク段階において、まず必要なのは「知識」である。年金や医療、介護保険などの社会保障制度や、公的サービスに関する知識などが含まれる。

　初めて出会った相談者の話を聞くなかで、相談者からの質問に答える場合もあれば、相談者の話を聞きながら、利用可能なサービスを考えておく必要がある。相談者の質問に的確に答えることは、相談者から信頼を得ることにつながり、どのようなサービスが適当か考えることは、その後のアセスメントや計画作成を展開するための道程を予測することに役立つのである。

　特に近年のように、障害のある人を取り巻く制度が小刻みに変わる状況下では、制度に関する知識を常に自身のなかで更新する必要があり、普段からの努力が必要である。

② インテークの状況を見やすく簡単に整理（文書作成能力）

　次に求められるのは、「文書作成能力」である。インテークでは、本人の思いや主訴のみならず、本人の様子（態度）、家族の様子（態度）、本人のストレングスと抱えている課題等を確定的に判断できなくても、本人や取り巻く環境を把握または予測できるいくつもの情報がある。これらを文書にまとめることで、自分の考え方が整理でき、支援の概略を考えるうえで有効であるが、その書き方の工夫

---

1) 第5章第2節「支援計画作成者に求められるスキル」参照（「平成22年度個別支援計画の人材育成についての調査研究事業報告書」日本障害者リハビリテーション協会, 8頁, 2011.）　→p156

が必要である。ここでは論文のようなまとめ方ではなく、要点を短いセンテンスで整理し、見やすくまとめることが求められる。「インテーク内容整理表」等をつくり、ポイントごとにまとめるといった工夫を考えてもよいものである。

（２）対人関係能力[2]（対人関係能力と円滑な意思疎通を図る能力）として必要なもの
① 個々人に適したコミュニケーション手段を用いる

例えば、言語・聴覚障害、失語症等により言語によるコミュニケーションに制限のある人の場合や、発達障害や知的障害によって自分の思いを伝えることと相手の言っていることを理解することに制限のある人の場合に、技能や補助具を活用してコミュニケーションを図ることを考えてみたい。

この場合、相談者本人が「伝えたい」という気持ちはあっても伝えることができない状況を前提としている。もとより相談支援専門員が代替コミュニケーション手段を身につけておけばよいことであるが、さまざまな制限に対応する複数の代替手段を身につけることは現実的に難しい。少なくとも、代替コミュニケーション手段としてどのようなものがあるか、それはどのような人の場合に有効なのかといったことを把握しておくべきである。

わかりやすい例で示すと、手話通訳がある。手話を日常の言語あるいは会話手段として用いている人に面接をする場合、すべての相談支援専門員が手話を使えるわけではない。そこでこのような場合は手話通訳者を利用する。そのときに必要なのは、どこに依頼すれば手話通訳者の派遣が受けられるのかという情報である。相談支援専門員に代替コミュニケーション手段を活用する能力がなくても、依頼できる情報を持っていれば代替コミュニケーション手段の利用が可能になるのである。

代替コミュニケーション手段に関しては、AAC（Augmentative and Alternative Communication：補助・代替コミュニケーション手段[3]）で語られるさまざまなコミュニケーションの制限に対応している、さまざまな手段や補助具が有効である。例えば、中邑賢龍らが毎年開催する「ATACカンファランス」のなかで、VOCA（Voice Output Communication Aids）という補助具を利用した、自閉症児のコミュニケーション手段の獲得に向けた実践紹介等を行う場面が

2) 第5章第2節1を参照
→p156

3) 中邑賢龍『AAC入門（改訂版）―拡大・代替コミュニケーションとは―』こころリソースブック出版会，2002．

ATACカンファランス
(Assistive Technclogy & Augmentative Communication Conference)
障害のある人や高齢者の自立した生活を助ける電子情報支援技術（e-AT）とコミュニケーション支援技術（AAC）の普及を目的に毎年開催されている。内容としては、専門家を対象としたセミナーや実践の紹介、利用者自身による発表や、障害疑似体験、世界の最新動向紹介など多数のセッションを自由に選択して学べるカンファランスとなっている（http://www.e-at.org/atac/）。

あるが、自閉症児（者）等の支援を実践している人々には興味深い内容である。

② 面接技法

先にも触れたが、周囲に対する「負の感情」とともに、自分自身に対する「負の感情」を持っている人の場合、自分の本音や願いを伝えることに消極的であり、言葉を濁したり、実際に思っていることとは違うことを表現するなど、真の思いを聞き出すことが難しいことがある。このような人達に対しては、特に質の高い面接を心がける必要がある。

そもそも面接技法は相談支援専門員ならば基本的に必ず持ち合わせておくべきものであり、面接技法を扱う研究者や書籍も多い。それゆえ、何らかの技法を身につける、あるいは知識として持っている相談支援専門員が大半であろう。しかし、面接がスムーズにできているかというと必ずしもそうではない。

傾聴と受容が大切であるとよくいわれ、言葉のトーンやリズム、会話の間の取り方、さらに相談を受ける側の服装や態度、視線、場所の雰囲気、匂いや香りといったことにも気をつけなければならない。

これらのさまざまな配慮の目的は、それほど多様ではなく、緊張を緩和し、安心して話しやすい環境を整えることであり、相談に訪れた人と信頼関係を築くための努力につながるものである。

要するに、いかにリラックスして、相談支援専門員に対する緊張感を緩めてもらうのか、さらに相談に来た人に「話してみよう」という気持ちになってもらうのかということである。

そして、これで面接がうまくいくのかというと、そう甘くもない。これまでの生活のなかで、とても大きな恐怖や取返しがつかない程の後悔を経験した人が、他人に自らのことを話すには勇気のいることである。1回の面接で終わるのではなく、複数回の機会を設け、徐々に話してもらうような環境と関係をつくることも工夫の一つである。

面接は、面接場面の進行をリードする専門職の力量によって、かなり差が出るものである。おおむね経験豊富なベテランの専門職のほうが面接はうまいと考えられるが、面接の方法は、継続的にトレーニングしていくべきである。専門職同士がお互いの面接場面を確認し、良い点、悪い点を指摘し合い、新人の専門職にはOJTを行うな

インテーク → アセスメント → サービス等利用計画の作成 → **相談支援時の状況把握** → アセスメント → 個別支援計画の作成 → 個別支援計画の実施 → モニタリングと計画の修正 → 終了時評価

ど普段からの取組みが必要である。

（3） 概念化・総合判断力（見通す力）として必要なもの

インテーク段階での概念化・総合判断力とは、把握した相談者の主訴や思いから、洞察や推測を持って、大まかな支援の方向性（仮説的な支援の方向性）を想像する（見通す）ための「力」ということである。

この「力」の強弱は、過去の支援経験と社会資源の具体的な状態像の把握量、さらには制度に関する知識等の質と量により差があり、ベテランの専門職のほうが力量的に優位であると一般的にはいわれている。しかし、変化する社会資源や制度的な知識等の情報収集に不断の努力をしなければ、たとえベテランといえども力量は高まらないことを忘れてはならない。

インテークでは、相談支援専門員が相談者と向き合ったことで「何を感じたか」が大切である。「どう支援すべきか」「アセスメントでは何を確認するか」など、さまざまな思いを相談支援専門員は感じ取り、そこから大まかな支援の方向性を思い浮かべるのである。

ただし、一方でこのようなやり方は、客観性を欠き、相談支援専門員の主観によるところが大きいものであることを忘れてはならない。しかし、この「感じた」ことで次を模索するスタートが切れるのであり、感じたことを確かめる意味を含めて、アセスメントを計画（計画する→判断する）・実行し、感じたことの修正を行うと解釈すればよい。

4 よくありがちな失敗と回避のためのヒント

（1） 相談者本人との意思疎通が基本

言語表出に制限のある人や、自己表出が苦手な人が相談に来た場合、同行する家族からの聞き取りが多くなってしまうことがある。相談を受ける側が、相談者の現状や課題を速やかに把握しようとあせる気持ちにより、家族や付き添ってきた人に聞いたほうが早いと安易に考えてしまうことも問題である。

インテークは、相談に来た本人が自分の将来を考え活動していくための第一歩である。家族は本人よりも、自分たちが説明したほうが早いと思うことから、つい口出しをする。本人が正確に説明をしたり、何か判断して活動する力を持っているとは思っていないかも

しれない。

　相談を担当する人も「家族の説明のほうがわかりやすくて早い」「家族を怒らせると、相談自体が成り立たず、結果として拒否されれば支援ができない」などと思い悩んで、家族からの訴えのみを聞くことになってしまうところが、相談者本人の主体性を削ぎ、依存性を高めるという失敗につながってしまうのである。これは、ある意味「ネグレクト」として人権侵害に相当し、相談者本人の尊厳を傷つけるものでもある。

　インテーク段階では、本人の思いや主訴（願いや願望）を具体的に受け止め、これから始まるアセスメントから計画作成等を相談者本人と相談支援専門員が協働して行うために、信頼関係の構築が重要である。

　思いや主訴は、今後のアセスメントで、より詳しく客観的に把握することが可能であると考えれば、インテーク段階ではある程度、曖昧なまま受け止めてもよいと考える。

　そこで、家族等がいない場面で相談者本人と話す機会を必ず設けるべきであり、必要があれば、複数回設けてもよい。また、家族等の訴えを聞く機会を設ける配慮も忘れてはならない。そのうえで、相談者本人と家族が持つ、それぞれの主訴や思いを明確に分けて把握するべきである。

（２）　先回りした答えは出さない

　相談を担当する側からすると、本人の思いが客観的にみて現実離れしていると、考えてしまうことがある。それは、「そんなことを言っても、現実に無理だから、こうすればよいのに…」と考えてしまい、思いを素直に受け止められず、支援者が安直な改善案を提示してしまうことがある。まずは、相談者本人との関係性の構築を図ることを主題に置いて、ここでは受容し、肯定的に受け止めることに徹するべきである。

　また、結果として、それが良い打開策であろうとも、安直に解決案を提示することは、相談を担当する人に相談者が依存的になるといった危険性があることを理解しておくべきである。

第2節 アセスメント

1 アセスメントの概要

アセスメントの目的は、インテークで確認された相談者本人の将来こうありたいという「思い」を実現するために、どのような「活動」と「支援」を必要（ニーズ）としているのかを明らかにすることである。[1]

具体的には、相談者本人が現在どのような状況に置かれているのかという情報を収集することから始まる。

図表3-1で示す「現状の確認」がこれに該当し、利用者本人（個人）と環境に存在する、「ストレングス」と「状況」に分けて把握するものである。個人のストレングスは、現在本人が持っている「能力」や「強み」であり、環境のストレングスは、利用者本人の生活のうえで有利に働くもの（例えば、経済的なゆとり、本人を支える

1) 本章第3節1（2）「活動」と「支援」の検討および調整　→p80

[図表3-1] アセスメントとサービス等利用計画作成の関係

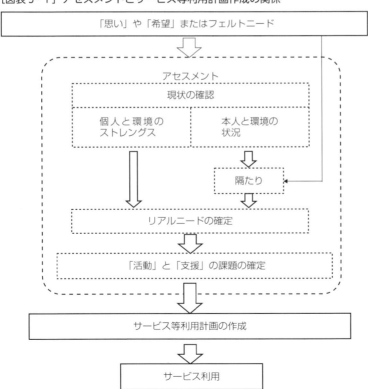

家族、居住地域が比較的サービスの多い地域である等）である。
「本人と環境の状況」とは、障害状況や活動・参加の制限、抑圧的な家族関係や社会資源が少ない居住地域の環境等であり、決してプラスとはいえない状況と考える。

アセスメントでは、このような現状を確認し、ストレングスや将来こうありたいという「思い」との間に存在する「隔たり」を具体的に見極めるとともに、支援ニーズを明らかにするために必要な情報収集を行うものと解釈できる。

情報収集は利用者本人の生活全般に及ぶため、集められる情報の量は膨大である。そこで生活をいくつかの領域に分類し、さらに領域ごとに主な項目を設定して、情報収集を行うことが一般的である。アセスメントの分類に関する例として、12の分類を紹介する。[2]

2）障害者相談支援従事者初任者研修テキスト編集委員会編『三訂　障害者相談支援従事者初任者研修テキスト』中央法規出版，2013．より抜粋

アセスメントの基本的なねらい
（1）日常生活動作関連（ADL）のアセスメント
（2）認知・意思関連のアセスメント
（3）行動障害関連のアセスメント
（4）手段的日常生活動作関連（IADL）のアセスメント
（5）精神症状関連のアセスメント
（6）残存能力のアセスメントと可能性のアセスメント
（7）介護環境のアセスメント
（8）居住環境のアセスメント
（9）利用者および家族の健康（医療）の確認（主治医の把握）
（10）既存サービスの状況（フォーマル・インフォーマル含む）
　　以上は、自立支援のサービスを提供するためのサービス等利用計画案または障害児支援利用計画案（以下「サービス等利用計画案等」とする）を作成するために必要とされる情報収集と分析です。
　　これらのアセスメントを通して、
（11）利用者が望む自立した生活を阻害する要因を生活全般から明らかにする（ICFの考え方）。
（12）自立に向けて利用者がどのような希望や意思を持っているかを明らかにする。
　　などにより、解決すべき課題を明らかにした内容を整理し、サービス等利用計画案等に反映していくこととなります。

上記12分類のうち、（1）から（10）までが、サービス等利用計画案作成に必要な情報と整理されており、（11）と（12）では、把握できた利用者（相談者）本人の状況から、希望や意思の明確化と、解決すべき課題を抽出することがアセスメントであることを示している。

基本的には、この分類が一般的なものと考えられるが、すべての

インテーク → アセスメント → サービス等利用計画の作成 → 相談支援時の状況把握 → アセスメント → 個別支援計画の作成 → 個別支援計画の実施 → モニタリングと計画の修正 → 終了時評価

相談者に対して（1）から（10）までを一律に情報収集する必要はない。

　相談者本人の状態と生活全般を把握することが必要ではあるが、すべてをアセスメント段階で把握するとなると、かなりの時間が必要とされる。また、相談者によっては、プライバシーに踏み込まれることに嫌悪感を懐いたり、疲労感を強く持つ人もいる。

　アセスメントでは、インテークで得られた情報（本人の「こうありたい」という思いや希望、情報収集や確認が必要と思われた点）をもとに確認すべき項目を絞り込み、優先順位をつける等の工夫をするとよい。

　また、上記（12）で、アセスメントによって「希望や意思」を明らかにするとされているが、これを補足するならば、希望や意思はインテーク段階で確認するものであり、アセスメントでは、ニーズ（ノーマティブニード[3]とリアルニード[3]）を確定するという意味が正確なところである。

3）「デマンド」「ニーズ」に関しては、第2章第3節を参照　→p45

　つまり、インテーク段階での「希望」や「思い」は、相談者本人が率直に表した感情として、デマンド[3]の域に属することが多く、さらにこの域を超えた場合にフェルトニードとして整理されているということである。デマンドやフェルトニードに対して、現状の「隔たり」がどの程度かといったことがアセスメントで明らかにされ、この隔たりの質と量の多寡によりノーマティブニードとリアルニードがみえてくるのである。

　もちろんデマンドに価値がないということではない。相談者本人が率直に表した感情（デマンド）から支援計画作成がスタートすると考えるべきであり、相談者本人と担当者の間で大切に扱うものであることはいうまでもないことである。

　また、ニーズ・アセスメントによって、医療や健康、就労に関する能力等、専門職による診断や評価が必要となった場合は、各々の専門職に依頼し、二次アセスメントを実施する。当然のことではあるが、二次アセスメントの実施にあたっては、その必要性を利用者本人に説明・承諾を得たうえで実施するものである。

　アセスメントの展開にあたっては、分類に沿ってアセスメントの様式（アセスメント票等）を用意し、様式に示された項目を一つひとつ確認していくことが一般的である。

　アセスメントの様式は、相談を担う相談支援専門員等が「何を情

報として把握すべきか」を基本として、項目を立てて、見やすく、ニーズが見通せるように工夫して作成することが望ましい。さまざまな機関や施設で、さまざまなアセスメント票を用いているが、絶対的なものは存在しない。既存のものを参照しながらも、自分たちにとって必要と思うアセスメント票を作成すべきである。本書では、正解となるようなアセスメント票の例を紹介することは差し控えるが、アセスメントとして得られる情報をどのように把握し、判断するのかという点については、若干の説明が必要と考える。

そこで、障害者ケアマネジメントの普及に際し、厚生労働省が示したガイドラインのうち、身体に障害のある人を対象としたケアマネジメントに関する「身体障害者ケアガイドライン」（平成14年4月厚生労働省社会・援護局障害保健福祉部企画課）の中で示された、「一次アセスメント票」を用いて説明することとしたい。

「一次アセスメント票」では、利用者の概要や利用者の日々の生活状況をもとに、「利用者の状況」として八つの領域を設定し、それぞれの領域に評価項目を設けて、情報収集することとなっている。（1領域あたり、1〜18個の評価項目）

八つの領域とは、「1　生活基盤に関する領域」「2　健康に関する領域」「3　日常生活に関する領域」「4　コミュニケーション・スキルに関する領域」「5　社会生活技能に関する領域」「6　社会参加に関する領域」「7　教育・就労に関する領域」「8　家族支援に関する領域」であり、ほぼ生活全般にわたっている。

各項目に対するチェック内容は、1番目に「援助の要・不要」であり、利用者にとって評価項目ごとに示された行為や活動等に対して支援が必要かどうかをチェックする。2番目のチェックは「実態」である。現在どのようにこの行為や活動が行われているのか、利用者本人でできるのか、介助を依頼しているのかなどを簡単に記述することとなる。3番目は「希望」であり、評価項目で示される行為や活動等について、本人が自ら行うのか、あるいは第三者の支援を希望するのかといったことを確認するものである。そして4番目に、「本人の能力と制限、環境の能力と制限」の「気づいたこと」「気になること」を記述式で簡単に記載することとなっている。

以前のアセスメント票であれば、特に日常生活動作に関するチェック内容として、その行為や活動が「できる」のか「できない」のかという点でチェックすることが一般的であった。

インテーク → アセスメント → サービス等利用計画の作成 → 相談支援時の状況把握 → アセスメント → 個別支援計画の作成 → 個別支援計画の実施 → モニタリングと計画の修正 → 終了時評価

　これは、身体的な機能不全を聞いているに過ぎず、「生活上でどのように対応しているのか」「利用者本人はどうしたいと希望しているのか」といったことを聞いているわけではない。
　この点、「一次アセスメント票」では、利用者本人の生活状況を基盤として、利用者の希望を優先するといった、本人中心の理念に基づくチェック内容となっている。
　また、「本人の能力と制限、環境の能力と制限」の「気づいたこと」「気になること」というチェック内容は、ICFで示された、生活機能（または障害）に関与する「個人因子」と「環境因子」を把握しようとしている意図が明確に読み取れる。しかも「能力」という言葉からして、ストレングスを意識的に確認することとしている。
　アセスメントは、専門職主導のアセスメントにとどまるのではなく、本人主体を尊重したアセスメントを明確に意識するべきである。
　現代の「支援」は、「医学モデル」を基本とするのではない。「生活モデル」を基本としながら、「医学モデル」と統合することが大切であり、主体的な本人の「活動」を支えるのが「支援」である。すなわち、「活動」と「支援」の計画が、「サービス等利用計画」と「個別支援計画」であることを認識したうえで、アセスメント項目やチェックするポイントや内容等を検討していくことが重要である。

2　配慮したいポイント

（1）見る視点を変えてストレングスを探す

　「望むアウトカム」がかなり現実離れしていると相談支援専門員が感じている場合、アセスメントで明らかになる「隔たり」からみえる課題のみに意識が向きがちになる。必ず、相談者本人のストレングスも探すべきである。
　課題はすぐにでも見つけられるが、ストレングスは探さなければならない。例えば、誰彼ともなく、近くにいる人にその場の状況を考えずに、声をかける知的障害のある人がいたとする。この状態では、「場の雰囲気を読むことができず、しかも落ち着きのない」とマイナスの評価になってしまうことが多い。しかし、少し視点を変えてみると、「人に対して臆することなく、自分の存在をアピール（自己主張）できる」という評価も成り立つ。自己主張ができることは、「自立」の基礎であり、それを見出すには相談支援専門員の柔軟な

思考が求められる。

（2） アセスメントは「気づき」のプロセス

　アセスメントを実施している間は、相談者本人にとって、しばしば自分を客観視する時間となる。自分のマイナス面が明らかになることにより、「望むアウトカム」獲得に消極的になる場合もある。そのようなときには、マイナス面の内容に囚われ消極的になるよりも、まず自分を客観視できたことに注目し、計画遂行には、そのような自己の客観化が大切であることを伝えるように心がける。

　また、相談支援専門員が発見した相談者本人のストレングスは、必ずフィードバックすべきである。長い間、制限を受けて生活をしていた場合、仮に自分のストレングスを見つけても、それを打ち消してしまうような感情規制が働くことがある。あくまでも相談支援専門員は相談者に寄り添い、励ます立場であることを意識して、発見できたストレングスを確実に相談者本人と共有するように努めるべきである。

（3） 場所と回数は柔軟に設定する

　インテークにおいて、「本人よりも家族が多くしゃべっている」「同居家族が同席していない」「一人暮らしで、日常生活の様子が気になる」など、現在の日常生活が気になるときは、アセスメントを自宅へ赴いて行う工夫があってもよい。自宅へ赴き、「掃除や片づけ等、整理整頓ができているか」「利用者本人の障害からみて不便がないか」「改修の必要がないか」といったことを相談支援専門員が自らの眼で確認することは大切なことである。アセスメント項目一つひとつを聞きながら、家での諸行為をその場で実際に教えてもらえれば、理解しやすく、情報としての正確性が高くなるといえる。また、同居家族の暮らしぶり等、利用者本人にどのような影響を持っているのかということも確認すべきである。

　アセスメントによる聞き取りは、利用者の障害や健康状態によって、緊張と疲労をもたらす場合がある。本人の様子をよくみながら、本人のペースでアセスメントを実行することが基本であり、疲労がうかがわれる場合は、複数回に分けて実施したほうがよい。

　なお、自宅でのアセスメントを拒否する本人や家族もいる。なぜ拒否するのかというところに、抱えている課題が透けて見えること

が多々ある。できる限り、自宅訪問の機会を持ちたいものである。そこで、アセスメントを複数回にわたり行うなかで、本人や家族の様子をよくみると同時に、相談支援専門員が支援者であって、敵ではないことを理解できるよう働きかける。少しずつでも、利用者本人が相談支援専門員に信頼の感情を持てるようになれば、家庭を訪問するチャンスが出てくると考えるべきである。

例えば、アセスメント項目の聞き取りという本人とのコミュニケーションのなかで、本人の発言には肯定的なうなずきを返し、質問には明瞭に返答する。たとえ答えられない質問であっても、わからないときにはわからないことを明確に伝える。そして本人が語ってくれたことには、丁寧に感謝を伝える。相談支援専門員のこのような対応は、相談者から信頼を得ることにつながるのである。

3 作業遂行に必要なスキル～概念化・総合判断力（見通す力）

「実態」「援助の要・不要」を確認し、「希望」と「実態」の「隔たり」からニーズを導き出すことになるが、そのプロセスで求められる能力は多様である。インテーク段階と同様にコミュニケーション能力が必要であることに加え、特に概念化・総合判断力が重要な能力となる。大まかな方向性を推測したことを踏まえ、ニーズを確定するためには概念化・総合判断力が求められる。

相談支援専門員など計画作成にあたる専門職は、アセスメントとして集められるさまざまな情報から本人支援の全体像を確認して、相談者本人が意欲的に取り組める計画となるよう、最適なサービスの組み合わせと提供を考えていく。ここに、概念化や総合判断力が必要となるのである。

概念化・総合判断力を養うためには、ある程度この業務、つまりソーシャルワークに携わった経験が必要である。これまでの経験を事例として文書化することで、自分の経験を客観的に評価する。あるいは、文書化したものを上司や先輩にみてもらい指導を受ける。その時々の相談者とのかかわり方や判断に正解がないとしても、その時の最善と考えられる動きや判断ができていたのかということを毎回評価して、経験に意味づけをしていく作業を継続することである。その過程のなかで、専門職として必要な技量や情報とは何かといったことも考慮し必要な技量習得や情報収集を行っていくことが、ソーシャルワーカーの基本姿勢なのである。しかし、一人の専

門職が誰にも頼らず、これを行っていくのは難しいため、スーパーバイズやOJTとしての取組みを事業所として行うことが求められる。

4 よくありがちな失敗と回避のためのヒント

（1） アセスメント結果が家族の「思い」となってしまっている～利用者のアドボケーターとして対応する～

　言語的表出に制限のある人や家族に遠慮して自己表現を躊躇する人の場合、代わって家族から聞き取りをすることがよく見受けられる。結果的にニーズや課題が家族の「思い」にすり替わってしまい、利用者本人にはあきらめと依存心を強めることとなる。

　例えば、本人はこのまま自宅で生活を続けたいと思っても、家族に迷惑をかけることに気兼ねして、自分の気持ちを押さえてしまう場合、アセスメントする相談支援専門員も、家族からの訴えや本人の障害状況から、家族の負担が相当高いと判断して、施設やグループホームを勧める。また、本人も気兼ねして我慢しているわけであるから、この判断を受け入れてしまう。そして、相談支援専門員は本人が承諾したので、グループホームか施設を探すという課題を設定する。本人の思いは埋没し、あたかも本人の偽りない気持ちで承諾したかのような確認がなされ、計画作成へと進んでしまうのである。

　確かに自宅で生活を続けることには難しい状況があるかもしれない。しかし、ホームヘルプやデイサービス、さらにボランティア等を組み合わせれば、自宅で生活を続けることの可能性はある。また、家族に対してはその苦労やつらさも受け止めつつ、これを軽減できる対応を本人への支援と並行して考えていくべきである。

　家族がつらいままでは、本人も自宅で生活を続けられたとしても、気兼ねや本来ならば感じる必要のない罪悪感を持ってしまうのである。相談支援専門員は、アドボケーターとして本人の代弁者となり、可能な限り、家族にも理解をしてもらうことに時間を割くよう努めるべきなのである。

（2） アセスメント票を埋めることがアセスメントと勘違いしている

　アセスメントでは、さまざまな情報収集がなされ、それをもとに今後の支援を考えていくため、とにかく細大漏らさず集めなければ

| インテーク | **アセスメント** | サービス等利用計画の作成 | 相談支援時の状況把握 | **アセスメント** | 個別支援計画の作成 | 個別支援計画の実施 | モニタリングと計画の修正 | 終了時評価 |

ならないという責任感が相談支援専門員につきまとう。しかし、面接技法や、総合判断力に不安のある相談支援専門員の場合、具体的な情報収集の仕方に悩み、結果として用意されたアセスメント票を埋めさえすれば、細大漏らさず情報収集ができると勘違いしてしまう。

アセスメントがアセスメント票にある項目の機械的な聞き取りに終わってしまい、利用者からすると、「この人に任せて大丈夫なのか」という不安を抱かせてしまう。インテークそしてアセスメントとつながる過程のなかで、信頼関係をつくることは必須条件であり、いかに不安を除去して心を開いてもらうのかということを念頭において対応すべきなのである。

時間にゆとりを持ち、利用者の表情を見ながら、どんな思いでこちらの質問に答えているのかということを考えて、必要な情報を聞き出すよう努めるべきである。そのための工夫として、アセスメント票の内容を熟知したうえで、利用者からの聞き取りの場面では、アセスメント票をあえて出さず面談を行い、面談終了後にアセスメント票を埋めるといった方法も試してみるとよい。聞き漏らしがあったときには、再度面談を行い確認していくという工夫でよい。また、面談では一方的に利用者から聞き取るのではなく、相談支援専門員も自分自身を紹介するような話を挟みながら、リラックスできる場の演出が必要である。

確かに時間がかかり、その分、労力がいることではある。しかし、アセスメントの段階は利用者がこれから希望を持って主体的に活動するために、相談支援専門員が利用者に寄り添い、「アシスト」する人なのだと理解してもらう場でもあることを意識すべきである。

第3節 サービス等利用計画の作成

1 案の作成からサービス等利用計画完成までの概要

（1） 計画作成の準備〜情報の整理と目標の設定

　アセスメントにより集められた情報は、複雑な関係性を持っていることから、計画案の作成前に、まず情報の整理と確認といった作業を行うべきである。確認する情報は、前節の図表3-1に示した「個人と環境のストレングス」「本人と環境の状況」「隔たり」「リアルニードの確定」そして、「活動と支援の課題の確定」という事項に抱合された情報である。この作業により「望むアウトカム」として何を得るための計画なのかといったことが明確化され、目標が設定できるのである。

　なお、情報が複雑な関係性を持っていることから、作業を効果的に進めるために「アセスメント結果整理表」というような補助的な道具を用意しておくとよい。

（2） 「活動」と「支援」の検討および調整

　目標が設定できれば、次に目標達成に向けた「活動」と「支援」を検討することとなる（図表3-2）。この時にまず考慮する情報は、「活動」を下支えする、本人と環境のストレングスである。計画遂行の主体はあくまでも本人であることを念頭に置き、現時点で利用できる「力」つまり、ストレングスを有効活用することが大切である。次に、「支援」の検討を行うこととなるが、ストレングスの活用のみでは目標達成に至らないと考えられる部分を解決するために「支援」として障害福祉サービスやボランティア等のインフォーマルサービスの導入を考慮するものである。

　「支援」の検討により、具体的な支援内容が明らかになったならば、利用が見込まれる実際のサービス提供事業者や団体に紹介をかけ、調整することが必要である。

　本来、障害者ケアマネジメントでは、アセスメントにより「活動と支援の課題」が明確化されたことを受け、必要と思われる地域の社会資源（フォーマル、インフォーマルを問わず）である事業所や団体と、例えば「地域調整会議」を開き、具体的なサービスを確定

[図表3−2] 計画検討のイメージ

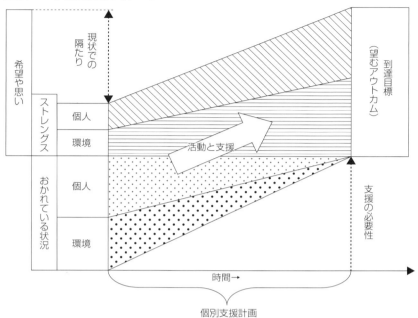

していくものである。これに対して現在は、サービス等利用計画案を市町村に提出し、これを市町村が斟酌したうえでサービス受給者証が発行され、その後に事業所や団体を集めた「サービス担当者会議」を開催するシステムとなっている。

現在のシステムでは、案作成段階での「調整会議」を必要としていないかのようにみえるが、この段階での調整は計画案を一層現実的なものとする効果がある。市町村が支給決定にあたり、計画の実効性を判断する材料の一つとすることは容易に想像できるものであり、この点からも案作成段階でサービス調整は実施しておくべきである。

(3) サービス等利用計画案の作成

「活動」と「支援」が確定し、サービスの調整が整ったことを受け、サービス等利用計画案をつくることとなる。サービス等利用計画案に記載する内容は、まず初めに、インテークからアセスメントを経て明らかとなった、利用者本人の意向やニーズ、さらにストレングスや現在置かれている状況等である。そして、これらから導かれるものとしての、計画の目標や支援の方針等の記載となる。次に具体

的なサービスとして「どこで」「誰に」「どのように」「どのくらいの期間」利用するのかといったことを記載するものである。

　サービス等利用計画案は、多くの情報をわかりやすく簡潔に記載することが求められる。これは、利用者本人が容易に内容を理解できるようにするためであるとともに、市町村が十分に内容を把握したうえで支給決定にあたるためでもある。

　また、案作成の段階においては、アセスメントの段階と同様に、利用者本人と、できうる限り協働して作成すべきである。これは、「自身の自身による自身のための計画である」というモチベーションを高める配慮であり、これから始まる計画の実行から終了まで、利用者本人が、主体的かつ意欲的に取り組むことを期待するからである。

（4）　サービス受給者証の発行からサービス等利用計画の完成

　計画案は、利用者の了解が得られたうえで完成となり、利用者がこれを市町村に提出することとなる。市町村は計画案を斟酌して障害福祉サービスの支給決定を行い、障害福祉サービス受給者証を発行することとなる。つまり、サービス等利用計画案に掲げた障害福祉サービスであっても、市町村が「妥当性なし」と判断すると、支給決定されないのである。この場合は計画案の見直しが必要である。

　市町村からの支給決定および障害福祉サービス受給者証の交付により、障害福祉サービスの利用可能範囲が確定する。これを受け、サービス提供事業者や団体を集めた「サービス担当者会議」を開催し、計画案に基づくサービス提供分担を決めることとなる。その他会議では、利用者の意向やニーズの再確認、ストレングスや置かれている状況といった情報共有、計画実施上の配慮事項、サービス実施後のモニタリング予定時期などが確認される。

　最終的に会議の結果を踏まえた修正を行い、「案」の取れた計画としてサービス等利用計画がつくられるのである。計画の是非の判断は基本的に利用者が行うものであり、相談支援専門員からの説明を受け、計画書に承諾（サイン）をすることにより完成する。

2　配慮したい点

（1）　サービス等利用計画の書式と項目について

　サービス等利用計画およびその案の書式については、厚生労働省が2012年2月20日開催の障害保健福祉関係主管課長会議において書

インテーク → アセスメント → **サービス等利用計画の作成** → 相談支援時の状況把握 → アセスメント → 個別支援計画の作成 → 個別支援計画の実施 → モニタリングと計画の修正 → 終了時評価

[図表3-3] 国が示した「サービス等利用計画・障害児支援利用計画」の参考例（2012年2月20日　障害保健福祉関係主管課長会議資料より）

利用者氏名（児童氏名）		障害程度区分		相談支援事業者名	
障害福祉サービス受給者証番号		利用者負担上限額		計画作成担当者	
地域相談支援受給者証番号		通所受給者証番号			

計画作成日		モニタリング期間（開始年月）		利用者同意署名欄	

利用者及びその家族の生活に対する意向（希望する生活）	
総合的な援助の方針	
長期目標	
短期目標	

優先順位	解決すべき課題（本人のニーズ）	支援目標	達成時期	福祉サービス等		課題解決のための本人の役割	評価時期	その他の留意事項
				種類・内容・量（頻度・時間）	提供事業者名（担当者名・電話番号）			
1								
2								
3								
4								
5								
6								

式例を示している（図表3-3）。この書式例の良い点は、1枚の紙に多くの情報がコンパクトにまとめられている点である。

市町村やサービス提供事業者がこの書式に記載された内容をみれば、具体的にどのようなサービスを利用しようとしているのかわかるものである。

多くの市町村がこの国の書式例をそのまま利用すると考えられるが、あくまでもこれは参考例であり、より使いやすいものをつくることを妨げるものではない。

サービス等利用計画は、「望むアウトカム」を到達目標として、支援を受けることも含めた本人の活動計画であり、その所有権は利用者本人にあることはこれまでも説明してきた。

そこでこの主旨を前提として、国の書式例をベースとしながらも、より本人中心の計画書となるように組み立てた一例を別紙「国の書式例をもとにより本人中心になるよう組み立てた「サービス等利用

[図表3-4] 国の書式例をもとにより本人中心になるよう組み立てた「サービス等利用計画」の一例

利用者氏名(児童氏名)		障害程度区分		相談支援事業者名	
障害福祉サービス受給者証番号		利用者負担上限額		計画作成担当者	
地域相談支援受給者証番号		通所受給者証番号			
計画作成日		モニタリング期間(開始年月)		利用者同意署名欄	

本人の意向(希望する生活)	(利用者本人の思いや主訴、さらにそこから導き出されたフェルトニード等も記載する。)
家族の意向	(児童の場合は、家族の意向が利用者と同様に必要となる。成人の場合は、利用者の意向に対する家族の意向を確認するために記載する。)
本人のストレングス	(この計画実行の上で利用可能なものを記述する。)
現在の状況	(この計画を立てるに当たりポイントとなった状況を簡潔に記載する。)
到達目標	(利用者本人の目標となるよう一人称で書く。)
総合的な支援の方針	(到達目標に向かうために必要となる支援の概観を書く。)

| 優先順位 | 活動と支援 | | 達成時期 | 福祉サービス等 | | 評価時期 | その他の留意事項 |
	目標	活動と支援の具体的な内容		種類・内容・量(頻度・時間)	提供事業者名(担当者名・電話番号)		
1	(一人称で書く。)	(利用者自身が何をするのか、サービスとしてどのように支援するのかといったことを具体的に書く。)					
2							
3							
4							
5							
6							

計画」の一例」のとおり提示してみた（図表3-4）。

なお、この書式例と国の書式例の違いは以下のような点である。

① 「利用者およびその家族の生活に対する意向(希望する生活)」を「本人」と「家族」に分け、まず本人の意向が計画の基本であることを表した。

家族の意向には、本人の思いを受け止めている場合と、本人の意向を否定している場合、さらには本人の思い以上に変化を求めている場合等が存在する。つまり本人の意向とは必ずしも一致するものでないことから、あくまでも環境の現状に属するものという整理が妥当といえる。

② 「本人のストレングス」および「現在の状況」の欄を設けた。

インテーク → アセスメント → サービス等利用計画の作成 → 相談支援時の状況把握 → アセスメント → 個別支援計画の作成 → 個別支援計画の実施 → モニタリングと計画の修正 → 終了時評価

アセスメント等で確認したこれらの項目は、利用者にとっては自己を客観的に確認するために、支援者にとっては、計画遂行の際に活用するものや注意・配慮を要するものを押さえておくために有効である。

③ 「総合的な援助の方針」の下位にあった「長期目標」を「到達目標」に変更して、並列とした。さらに、同じく下位にあった「短期目標」を削除した。

「総合的な援助の方針」とは、支援の総体を表すものであり、本人の活動を助けるための方針と解釈できる。また目標は本人の活動計画という主旨を前提とすると、支援のための目標ではなく、ましてや「総合的な援助の方針」の下位に位置するものではない。先に、本人の計画全体の「到達目標」として掲げ、これを支援する側の方針が次に来るという形式をとった。

さらに、「短期目標」は、具体的な活動や支援のなかで、それぞれの到達目標に向かうための「一里塚」として示したほうがわかりやすいと考え、総合的な目標を示すところからは外してみた。

④ 「解決すべき課題（本人のニーズ）」と「支援目標」を「活動と支援」の目標とその内容に変更した。

「課題」という表現には、「できていないことをできるようにする」「現在ない能力を身につける」というように、負の状態を脱却するというイメージがある。「歩けないので歩けるように訓練する」「言葉が出ないので、発語の訓練をする」といったような従来の医療モデルでよく使われた表現である。

ニーズは、「フェルトニード」なのか「ノーマティブニード」なのか、あるいは「リアルニード」なのかという点で表現が微妙に違う。ここで書き表すニーズの例として、「○○がしたい」「○○へ行きたい」といった書き方がよく使われており、この例を見る限り、「フェルトニード」または「デマンド」なのではないかと思われる。本来であれば「リアルニード」を書くのであろうが、「課題」と一緒ということとなると、「ノーマティブニード」を書くとも解釈できる。

このようにニーズといってもどの次元で書くのか、さらに「課題」とすると専門家主導の医療モデル的側面が出てきて、本人の計画書というよりも「支援者の支援者による支援者のための

1) 第2章第3節を参照
→p45

支援計画」ということになってしまう。
　「課題やニーズ」という表現をあえて使わず、具体的な内容を示すように「活動と支援」という項目として、さらにその下位に目標と目標に向かうための具体的な活動や支援の内容を書くように改めたところである。
⑤　<u>「課題解決のための本人の役割」を削除した。</u>
　「本人の役割」という項を設けることは、この計画の一部として「本人の役割」があるという位置づけになる。つまり支援者がつくる支援者のための計画の中に、「本人にもやってほしい役割がある」というニュアンスになっているのである。
　しかし、サービス等利用計画の所有権は利用者本人にあり、この計画は利用者の活動と、その活動を助ける支援の計画である。前述の③で説明した点も併せて、この項を削除しても差し支えないと考えた。
　以上の5点は書式例のポイントでもある。しかし、これが絶対的に正しいというものではない。繰り返しの説明となるが、大切なのは、サービス等利用計画の所有権は利用者本人にある以上、利用者が理解できるものでなければならないということである。つまり、利用者の障害状況等を考慮した見やすい書式、わかりやすい文章表現に努める必要があることを理解してほしいのである。

(2)　「書き表し方」や「見せ方」の配慮
　計画作成に当たり、書式や項目と合わせて配慮が必要となるのは、「書き表し方」や「見せ方」である。
　例えば、知的障害のある人であれば、個々の識字力に合わせた使用文字の変更や使用する語句の選定に気をつけるべきである。また、長文読解が苦手であれば、極力短文を主とし、抽象的な表現は避け具体的な文章にまとめる工夫がほしいところである。
　短文を主とするといった配慮は、手話言語を通常のコミュニケーション手段としている聴覚に障害のある人にとっても有効である。文章が複雑な二重否定文等を使用すると、誤解を招く恐れがあることを理解しておいてほしい。
　全盲の視覚に障害のある人でパソコンやリーディング機器の音声機能による文書処理をしている人であれば、表形式の書式から文書形式に改め、テキスト形式のファイルで利用できるような配慮があ

インテーク　アセスメント　**サービス等利用計画の作成**　相談支援時の状況把握　アセスメント　個別支援計画の作成　個別支援計画の実施　モニタリングと計画の修正　終了時評価

るとよい。

　弱視の人であれば、その人が見やすい大きさの文字、文字間や段落の工夫、そして書式レイアウトそのものの工夫も必要である。また、紙の色を黒など濃い色にして文字を白など明るい文字にする、いわゆる「白黒反転」は、眩しさを訴える人や白内障のように眼の透光体に混濁のある人に有効である。

　さらに自閉症等により、文字よりも絵や図の認識のほうが優位な人に対しては、文字ではなくピクトグラムや写真等を併せた計画表とするような工夫も良いと考える。

　しかし、これらの配慮や工夫により、多種多様なサービス等利用計画を生み出すこととなり、ある種の懸念を生み出すことでもある。

　つまり、作成する相談支援専門員の事務処理負担と多種多様な様式を確認・理解したうえで支給決定の判断をする市町村職員の負担である。この二者の業務の効率化という観点からする、統一した書式のほうが良いことは明らかであり、ミスも少ないと考えるのが常識的なのである。

　この解決策として、書式は統一したものを使用し、その上で利用者一人ひとりが理解できる補助的な説明資料を作成することも考えられる。しかし、ここで今一度考えるべきことは、サービス等利用計画の所有権が利用者本人にあるということである。「本人中心の支援」そのための計画であることにこだわるならば、サービス等利用計画書は利用者一人ひとりの状況に応じて理解できるように、多種多様な書式とすることを認め、そのうえで市町村職員等が見やすくなるような補助的な資料を用意するという考え方に整理してほしい。ただしこの場合であっても、相談支援専門員の事務処理負担は残ることになるが、利用者支援のキーパーソンとなるソーシャルワークの専門家である以上、ここは努力してほしいと思うのである。

（３）　サービス担当者会議の進行役〜相談支援専門職の役割〜

　サービス担当者会議では相談支援専門員の役割がいくつかある。まずは検討する利用者のサービス等利用計画書に基づき、必要なサービス提供事業者等を招集することである。次に会議の初期段階で、サービス等利用計画書をもとに具体的な支援の必要性を集まったメンバーに説明する役割である。そして、具体的なサービス提供の割り振りを決めるべく司会進行していく役割である。

さらに今一つ大切にしたい役割は、利用者のアドボケーターとしての役割である。サービス担当者会議は、利用者自身が自らの目標に向かって活動することを支援する人々に集まってもらい、今後の具体的なサービスを決める会議である。つまり、極力本人の出席を求めるべきであり、利用者本人が自身の思いを自ら主張することが主体性を担保するために大切なのである。また、実際に受ける支援についても、どこに依頼するのかということを、自身で理解し納得したうえで依頼すべきである。つまり、サービス担当者会議の主役は利用者本人であるが、自身を主張することやサービス利用の判断をすることに緊張とストレスを伴うものなのである。

　しっかりと伝えたいことを伝えられるか、依頼する事業所選択に迷いがないか、常に利用者の状況をみながら、時には補足説明を加え、時にはサービス提供事業者の主張をわかりやすく本人に伝えるなど、相談支援専門員にはアドボケーターとしての役割が必要なのである。

3　作業遂行に必要なスキル

（1）　文書作成技能～わかりやすい計画書作成に向けて～

　本節2(2)で説明しているとおり、利用者本人が理解できる文書表現とすることは重要なことである。しかし、ここが苦手だという人が多いことも事実である。特に表現上難しい項目は、目標や支援の方針、そして具体的な支援の内容を記載するところあたりだと思われる。

　目標は、本人が目指す方向であり、一人称で書くことが妥当である。そこで、語尾に「何々をする」「何々を目指す」という表現となるよう心がけることで、ある程度解決できると考える。

　支援の方針は、目指す目標のために「何々の支援（またはサービス）」を、「○○の期間」提供する。といったことが最低限表現されていればよい。

　具体的な支援の内容は、「何を（支援やサービス）」「どのように」「どの程度の頻度で」「どこで」「いつまで」といった項目に沿って具体的に記述するものである。

　つまり、項目によって記載するポイントを押さえ、具体的に表現できればよいことであって、使う語句を本人の理解できる用語になるよう心がければよいのである。しかし、よくありがちなのは、抽

象的な表現を使用しているものである。

　例えば、「ワープロを覚える」という活動と支援の項目がある支援内容として、「○○デイサービスでワープロの訓練をする」と記載しているとする。この文章で具体的なのは「どこで」を示す、「○○デイサービス」という部分のみである。「ワープロの訓練をする」という部分は、一見具体的なようにみえるが、「訓練」という範疇がどの程度なのか、具体的な訓練内容はどういうものなのかという点が不明確である。

　「月曜日と水曜日に、○○デイサービスのワープロ教室へ行き、手紙が書けるようになる練習をします。練習期間は3か月を予定します。」といった文章にすることで、より具体的に「いつ」「どこで」「何を」「どの程度」といったことが明確になるのである。

　こういった文章を書くために、何らかの研修を受けるという手段があると思われるが、実際に文章の書き方を教えてくれる研修はあまり見当たらない。そこで職場内でのOJTとして実践することが現実的である。一度作成した文章を上司や先輩に確認してもらい、必要な修正をするという取組みを継続的に行うことが結果として合理的な手段なのである。

（2）　対人関係能力〜折衝能力〜

　サービス担当者会議では、計画案の説明に加え、司会進行と本人のアドボケーターとしての役割があるため、コミュニケーション能力や折衝能力が求められる。また、会議の前段階として、サービス提供事業者や団体に、会議への参集を呼びかける役割があることからも、同様の能力が求められるところである。

　さらに、サービス担当者会議では、利用者の立場に寄り添いながら、利用する事業所や団体を決めていくことを基本とすべきであり、相談支援専門職が持つ折衝能力の強弱が結果を左右することとなる。

　一般的に折衝能力とは、会議等で意見が対立している場合に、相手の意見を傾聴しながらも、こちらの意見を主張し、理解や双方が納得できる合意を得るための力である。それでは、説得力を競い合うようなディベートの研修を重ねれば事足りるかというとそうでもない。

　サービス担当者会議における相談支援専門員は、利用者はもちろ

んのこと、サービス提供事業者や団体からも信用される存在であることが基本である。この信用があってこそ、多少困難な課題であっても解決に向けた話の場に臨んでもらえるのであり、単に会議の席上でのディベートの良し悪しだけではないのである。

この信用を得るためには、普段から地域内のサービス提供事業者や団体を回り、そこで行われている活動や苦心している話などを聞き取り、必要と思われる情報は提供するといった活動、つまり昔ながらの「御用聞き」のような活動を継続することが重要である。

この「御用聞き」活動により、相談支援専門員とサービス提供事業者や団体の間に相互の信頼関係を築くことが、会議のなかで起こる折衝に役立つのである。「○○さんが（相談支援専門員）がそこまで言うなら、うちで引き受けてみましょう！」と言ってもらえることが大きな力となるのである。

また、この活動は、サービス提供事業者や団体の信用を得ると同時に、地域の社会資源の状態を把握する活動でもある。利用者のニーズに応じたサービス利用や足りない資源の創造といった、ケアマネジメントの実践には欠かせない活動なのである。

4 よくありがちな失敗と回避のためのヒント

（1） 計画書の文章にひらがなでルビを振っても読みやすくなるわけではない。

「知的障害のある人のために」として文章中の漢字にひらがなのルビが振ってある文章にお目にかかることがあり、サービス等利用計画にも同様の配慮がなされているものがある。

この配慮は漢字の「読み方」がわからない人のための配慮であり、漢字の「意味」がわからない人に対する配慮ではない。文章中、漢字で表現される語句は意味を持つ熟語の場合が多い。当然読み方がわかっても意味がわからなければ、書かれている文章全体の理解も下がってしまう。

大切なのは本節「2(2)「書き表し方」や「見せ方」の配慮」でも記述したように、その人の状況を考慮した言葉や語句を選ぶことであり、「知的障害のある人への配慮はルビを振ること」と短絡的な対応をしないことである。「言葉の理解」といったことは、インテークやアセスメントの段階での利用者との会話のなかで、ある程度確認できることである。サービス等利用計画案を作成する過程におい

インテーク → アセスメント → **サービス等利用計画の作成** → 相談支援時の状況把握 → アセスメント → 個別支援計画の作成 → 個別支援計画の実施 → モニタリングと計画の修正 → 終了時評価

ても、こちらが用意した文章を理解しているかどうか確認し、不十分であれば違った語句に置き換えて提示するといった配慮をすべきである。

（2） 支給決定されなかったサービスは計画から外すしかないのか？

公費が投入される障害福祉サービスは当然利用条件や利用資格等一定の制限がある。サービス等利用計画案をしっかり作成し、その人に必要な支援だと訴えても、制限を超えるものであれば、支給決定されないのである。

このような場合、安易に計画案から削除するような対応が見受けられる。しかし、サービス等利用計画案に掲げた目標を達成するためには、計画案作成の段階で提示したサービスのすべてを必要としていることを忘れてはならない。

一部のサービスを削除することで目標そのものが変わってしまう危険性があり、それは利用者の「望むアウトカム」からの逸脱という事態を招くのである。極力サービスの必要性は残したまま、サービスの提供方法や提供先を変更する工夫を検討すべきである。

つまり、民間の一般者向けの有料サービスや共助や互助として分類される、当事者団体からの支援やボランティア団体からの支援の活用である。これらのサービスでは当然利用料の負担がある。また、団体の組織基盤の優劣から、安定したサービスを受けることが難しい場合もある。しかし、利用資格や利用制限といったハードルは概して低く、利用者の意向に沿うように弾力的なサービスを受けられるという利点もある。

相談支援専門員は、公的なサービス提供事業者の情報のみならず、地域内の当事者団体やボランティア団体、さらには、一般者向けの有料サービス等も情報として把握しておくことが求められるのである。また、介護保険によるサービス等の情報も同様に収集しておくとよい。

今一つの工夫として、公的なサービス提供事業者に可能な範囲で少し支援の枠を広げる努力をしてもらうことをあげておきたい。サービス提供事業所は、これまで事業所の都合に合わせたサービスを提供することを基本として、それに合わないニーズを持つ利用者の支援について消極的であった。しかし、近年はでき得る限り、利用者個人のニーズに応じたサービスを提供するよう、国や行政から

も指摘されているところである。サービス担当者会議において、相談支援専門員は支給決定されなかったサービスについて説明を行い、どのような工夫でそれを補うのかという提案をすべきである。それにサービス提供事業者側も少しでよいから無理をするような姿勢を持ってほしい。また、相談支援専門員はそれを依頼できるような折衝能力を身につけてほしいところである。

第4節　個別支援計画の作成と実施

1　個別支援計画の作成段階および実施段階の概要

（1）　個別支援計画の作成と遂行の責任者

　サービスを提供する事業所のサービス管理責任者は、利用者の契約からサービス提供、そしてサービス提供終了までの過程を一貫して管理し、利用者の意向に沿ったサービス提供に責任を持つ。それゆえ、個別支援計画の作成はサービス管理責任者の業務である。

　サービス等利用計画と相談支援段階で得られた情報を含め、事業所で行われるアセスメント、直接利用者と家族から聞き取った「思い」や「希望」、利用者や家族の置かれている状況や態度等といった情報を整理して、「個別支援計画書」を作成するのである。

　作成する「個別支援計画書」は利用者個人の「活動」と事業所の「支援」の計画である。「個別支援計画書（案）」を作成したならば、利用者本人に説明し、承諾を得ることで、「（案）」が外れて真の計画書となる。

　サービスの提供が計画書に基づき行われて以降は、その進捗状況の確認や定期的なモニタリングを行う、つまり進行管理がサービス管理責任者の仕事である。

（2）　サービス提供に必要なアセスメントの実施

　2012年4月から施行された障害者自立支援法の改正により新たな指定特定相談支援事業者とサービス提供事業者の関係と役割を示している。そのなかで、サービス提供事業者の役割を、サービス等利用計画に基づき割り振られたサービスの提供であるとしている。サービス等利用計画に明示された到達目標（望むアウトカム）を見据えながら、事業所として持てる力を発揮することで、利用者を支援するものである。

　つまり、利用者がサービス提供事業者と契約を締結した時点では、すでに向かうべき方向は決定している。さらにニーズ・アセスメントにより本人のニーズや置かれている状況が把握されているところである。

　そこでサービス提供事業者としてまず必要となるのは、「この事

業所に何を期待するのか」「ここで受けるサービスにより、どのようなことを目指しているのか」といった、利用者からの意向の再確認である。

また同時に、家族等の意向も再確認する場合もあるであろう。再確認をした内容が、サービス担当者会議時の相談支援専門員からの説明やサービス等利用計画の記載内容と齟齬がなければ、次に、サービス提供に必要なアセスメントを実施することとなる。

サービス提供にかかるアセスメントは、事業所の各専門職によって行われ、その内容は、事業所で提供するサービスの種類や内容により決まってくるものである。したがって各事業所がアセスメント票を用意し、必要な調査や評価を実施することが一般的であろう。

その際、これまでの生活状況や現在置かれている家庭や地域の状況等に関する情報は、サービス等利用計画作成時のニーズ・アセスメントにより把握されているものを利用しても差し支えない。相談支援専門員に情報の提供を受け、これを有効活用することで、効率的かつ効果的なアセスメントを実施するということである。もちろんこの場合、利用者のプライバシーにかかわる事柄であることに配慮し、利用者からの承諾を得ることを忘れてはならない。

利用者の立場からすると、同じことを何度も聞かれるのはあまり心地良くない。相談支援専門員から提供された情報については、大きな矛盾や差異がないと思える限り、尊重して利用させてもらい、同じ内容の聞き取りは確認程度とすべきである。

つまり、事業所におけるアセスメントは、利用者が希望するサービス内容と事業所の機能を比較して、具体的なサービス提供の可能性を検討し、利用者の希望や意向に沿ったサービス提供計画を考える材料を得るものである。そして、具体的なアセスメントは次のような2段階が想定できる。

最初の段階は、各専門職のアセスメントとして、専門職からみて必要と考えるサービスが「どのような内容で（内容）」「どのくらいの頻度で（頻度）」「いつまで行うことが妥当なのか（期間）」といったことである。いわばノーマティブニードを明らかにしていくことを基本として実行することである。

次の段階は、この専門職が必要と考えるニーズと利用者の意向や思いを照らし合わせてサービスの「内容」「頻度」「期間」を判断して行く過程である。

しかし、このような考え方と過程は、2012年4月からの制度改正に裏打ちされて成り立つものである。国もこの改正については3年間の整備期間を設けており、簡単に今回の制度改正が全国に浸透するとは考えていない。

現実的には、従来どおりサービス提供事業者に本人や家族、市町村の担当、特別支援学校の教師、病院のMSW等から直接利用相談が寄せられ、利用につながることが多い状況であろう。そうすると、本章の「第1節 インテーク（初回面接）」や、「第2節 アセスメント」で説明したような対応や配慮がサービス提供事業者には求められるのである。丁寧に利用の意向や希望を聞き取り、利用開始に向けた手続きを説明し、市町村への調整を含めて支援を実施することを忘れてはならない。

（3） 個別支援計画案の作成と専門職間の調整

各専門職のアセスメントが終了すると、その結果を持ち寄り、到達目標の確認から、各種サービスのゴールの設定、そして具体的なサービス内容と提供の頻度などを話し合うための調整会議が行われる。

なお、この会議の司会進行を行うのもサービス管理責任者の役割である。調整会議で検討される具体的な内容は以下のようなものである。

① 利用者情報の確認

サービス等利用計画に示された、利用者の意向、ニーズ、置かれている状況、ストレングス、当該事業所以外で行う支援内容と提供事業所名等の情報、サービス管理責任者等が利用開始後本人から聞き取った情報等の確認をする。

② 到達目標の確認

サービス等利用計画にある到達目標を基本に、当該事業所に割り振られた、活動と支援の課題達成に向けた到達目標を確認する。

③ 各専門サービス部門によるアセスメント結果

事業所の種別や提供するサービスごとに配置された専門職（ケースワーカー、生活支援員、就労支援員、職業指導員、医師、看護師、介護職員、理学療法士、作業療法士、言語聴覚士等）が各専門のアセスメントを行った結果を説明する。その際これから必要と思われる、サービスの「内容」「頻度」「期間」を具体的に

説明する。
④　サービス提供期間の設定
　　到達目標と各専門職のアセスメント結果をもとに、必要なサービス提供期間を設定する。
⑤　短期目標の設定
　　利用開始から終了までの間をいくつかの期間に区切り、それぞれの期間ごとに、各サービスにおいて設定する。
⑥　週間のサービス提供プログラムの調整
　　各専門職が提供するサービスごとに、短期目標が設定されたならば、その目標達成を目指す提供プログラムの内容と頻度を検討する。この検討を受けて、週間スケジュール案を検討する。

　上記調整会議の内容は、基本的なものであり、各事業所で調整会議を行うときにはこの内容を基本としながらも事業所の状況に合わせて、会議が行われるものと考えることができる。
　いずれにしろ、この会議で各専門職から出されるアセスメントの結果は、ノーマティブニードか、それに近いものである。サービス管理責任者はこれを尊重しながらも利用者の意向を代弁する、もしくは会議に利用者が出席して主張することに寄り添い、各専門職との間に立って、会議を進めることが肝要である。

(4)　個別支援計画の案の作成から利用者の同意

　サービス管理責任者は調整会議の結果を踏まえ、個別支援計画の案を作成する。案ができたならば、事業所の運営管理者に承認を得たうえで、利用者への説明と同意を得ることとなる。
　運営管理者は事業所が利用者に提供するサービスのすべてに責任を持つ立場にある。つまり、個別支援計画に記載された内容とこれに基づき提供されるサービスに責任を持つものであることから、その責任者の承認を得ることが必要なのである。
　その後利用者から同意を得て、個別支援計画書に利用者本人とサービス管理責任者がサインをすることで、具体的なサービスの内容を利用者と事業者側が合意したこととなる。
　また万一、利用者が同意しなければ、具体的に同意しない理由を聞き、それをもって調整会議からのやり直しとなる。いかに運営管理者が個別支援計画を承認したとはいえ、サービスの利用は利用者の権利であり、このサービスを示した個別支援計画の所有権は利用

インテーク → アセスメント → サービス等利用計画の作成 → 相談支援時の状況把握 → アセスメント → **個別支援計画の作成** → **個別支援計画の実施** → モニタリングと計画の修正 → 終了時評価

者にあるという原則をサービス管理責任者は堅持して、対応すべきである。

なお、個別支援計画のサインによる合意は、利用者のサービスを受ける権利と事業者側のサービス提供の責務に関する契約である。利用開始時に結んだ利用契約と同等に重要なものであることを理解しておくべきである。

(5) サービス実施中のサービス管理責任者の対応

個別支援計画に基づくサービスが開始されると、利用者の支援は各専門職に委ねられることとなり、サービス管理責任者による支援のウエイトは低くなる。

しかし、アセスメントの段階では確認できなかった課題がみえてくる場合がある。また、新しい環境や新しい人とのかかわりが苦手な利用者の場合、ストレスや疲労から体調を崩し、計画どおり活動が取れないというつまずきが出てくる。

こういった場合を想定し、サービス管理責任者は、日中活動をする利用者を訪ね状況を確認するとともに、担当の専門職に状況を聞き取ることをすべきである。場合によっては専門職と本人を交えたカンファランスを臨時に行い、問題解決に努めることが求められる。

基本的には、定期的なモニタリングのなかでも確認ができることと考えるが、課題がみえた時点で素早く対応することにより、問題を大きくせずに利用者や専門職の負担を最小限にとどめる結果を得られる。

2 配慮したい点

(1) ストレングスを利用者と確認する

利用者が望むアウトカムの獲得に向け障害者支援施設を利用することは、今の自分が置かれている状況からの脱却を目指すものであり、新たな自分への挑戦でもある。特に訓練等給付事業を利用する場合がそうである。しかし、自身や自身を取り巻く現状のマイナス要因を抱えながらの挑戦であり、不安も大きい。事業所の専門職は、この利用者の不安な思いを理解したうえで利用者と接するべきである。

専門職のアセスメントでは、利用者が現在できていない点や改善を要すると思われる課題を明確にするという目的がある。しかし、

この目的では利用者のマイナス面のみが強調され、不安をさらに増大させる危険を孕んでいる。結果として専門職と利用者の関係は従属的なものとなり、利用者が意欲を持って主体的に訓練に臨む姿勢は希薄となりかねない。アセスメントでは、置かれている状況というマイナス面のみではなく、利用者の「力」となる面、つまりストレングスも明確にすべきである。

　どんなに大変な課題であっても、それを乗り越えるための「力」を持っているという点を専門職から伝えてもらうことは利用者にとっても心強いことである。利用者が主体的に課題と向き合うためにも、アセスメントの段階でストレングスを確認し、利用者と共有することが基本である。

（2）　個別支援計画は具体的でわかりやすい表現を使う
　第3節3(1)で、サービス等利用計画作成にあたりわかりやすい表現に心がけることを説明しているが、個別支援計画も同様である。利用者の状態像に合わせてわかりやすい言葉や工夫が必要である。そこで示した同じ例で考えてみたい。
　「ワープロを覚える」という活動と支援の項目に対して、この項目に基づく支援内容として、「職能訓練で、ワープロの基礎を学ぶ」と記載しているとする。まずこの文で具体的なのは「職能訓練で」という部分のみである。「ワープロの基礎」という部分は一見具体性があるように思えるが、そうでもない。「ワープロの基礎」で表した「基礎」という言葉に内包される具体的な訓練内容がわからないからである。計画書を作成するサービス管理責任者には、ある程度「ワープロの基礎」としてのイメージがありこの言葉を使うのであろうが、利用者からみたら、何がワープロの基礎なのか明確に理解しているわけではない。ここは、「文字のキーの位置を覚え、簡単な文章を打つ練習をする」というような、より噛み砕いた表現のほうがわかりやすいといえる。

（3）　短期目標の設定は到達目標から遡って行う
　従来の短期目標の設定は、まず初期を設定し、その後中期のモニタリングを実施して中期の短期目標を設定するという順序である。この方式とは別に、サービス提供期間の終了時期を起点として、そこから逆算した期間ごとの目標をあらかじめ設定する方式をとるこ

インテーク → アセスメント → サービス等利用計画の作成 → 相談支援時の状況把握 → アセスメント → **個別支援計画の作成** → **個別支援計画の実施** → モニタリングと計画の修正 → 終了時評価

ととしたい。

　これは、従来の方式が、期間ごとの積み重ねによってそのたびに短期目標を設定するため、当該期間中におけるサービス実施状況の如何により、短期目標の設定が左右されるものであり、したがって、この積み重ねる方法では当初設定した到達目標に至るとは限らない曖昧なものとなる危険性がある。そこで、到達目標から逆算して各期間の短期目標を設定しておくものである。

　例えば、サービス提供期間を1年として3か月ごとの計4期間（利用開始から3か月後、6か月後、9か月後、サービス終了時）に区切ったとする。終了時の目標は到達目標となるので、最初に短期目標を設定するのは、9か月後に到達する時の目標の設定となる。続いて6か月後、そして最後に利用開始から3か月後までの、つまり初期の目標設定となる。

（4）　調整会議へ利用者本人を参加させることが困難な場合の配慮

　個別支援計画はサービス等利用計画と同様に、その所有権が利用者にある。その点からもわかるように、調整会議には利用者の出席を求めることが原則である。

　しかし、日中活動として、訓練や作業等のサービスを提供する事業所では、利用者へのサービス提供の時間の合間を縫って会議を行うため、会議にかける時間は限られている。全利用者のしかもモニタリングによる評価会議も含めて、会議を実施していくことは物理的に大変な作業といえる。少ない時間を有効に使い、効率の良い会議運営が求められるのである。以上のことから、事業所によっては、調整会議を職員のみで行う例が見受けられる。単にこれを批判することよりも、事業所の特性などを考慮して、別の工夫をしたほうが現実的である。そこで一つの工夫として考えられる例を、以下のように考えてみた。

　① 　調整会議終了後に作成する個別支援計画の案ができた時点で、サービス管理責任者が利用者と調整する場を設定し、各専門職からのアセスメント結果から個別支援計画案作成に至った経緯を説明する。
　② 　利用者の疑問に答えながら、本人の意向を再確認する。
　③ 　その結果をもとに、各専門職と再調整を行い案を修正する。
　④ 　再度利用者に確認し、合意が得られた段階で個別支援計画と

する。

といったような工夫である。ただし、基本は調整会議への利用者参加である。現状で上記のような工夫をするとしても、いずれは利用者の参加が実現するよう目指すことを忘れてはならない。

（5） サービス実施中における利用者への支援

　サービスの提供過程では、利用者と専門職の間でちょっとした誤解や理解不足によるストレスが生じてくることもある。また、訓練などでは利用者自身が思うほど効果が表れないこともある。こうしたストレスや不安を常に利用者は感じているかもしれない。

　理想的には、サービスを提供する職員に利用者が自分の状態を伝え双方で話し合い、一緒に工夫をして乗り越えてほしいところである。

　しかし、言語表出に制限があったり、自己主張をすることが苦手な利用者には第三者の仲介が必要である。本節1(5)で述べているように、状況を確認して、カンファランス等による問題解決を図る必要がある。その際サービス管理責任者は、利用者のアドボケーターとしての立場に立って、利用者の自己主張を支援するものである。そこで、カンファランスの前にゆっくりと利用者から話を聞き、解決の糸口を見出しておくことも良い工夫である。

（6） その他の配慮

　個別支援計画作成過程における配慮や工夫は、インテークからサービス等利用計画作成までに至る過程のそれと共通する部分が多いので、第1節から第3節において説明した配慮や工夫等を再度確認されたい。

3　作業遂行に必要なスキル

　サービス管理責任者は、利用開始からアセスメント、個別支援計画の作成、サービスの実施という一連の過程において、第1節3で説明した三つの能力のすべてをバランス良く持つことが理想である。

　「実務的・業務遂行能力」として、利用者を理解し、適切なサービス提供に結びつけるために、障害に関する基礎知識、各専門職の役割に関する知識、福祉に関する制度的知識などは基本的に身につけておくべきものである。また、文書作成技能はわかりやすい支援

インテーク / アセスメント / サービス等利用計画の作成 / 相談支援時の状況把握 / アセスメント / **個別支援計画の作成** / **個別支援計画の実施** / モニタリングと計画の修正 / 終了時評価

計画書を作成するために必要である。

　サービス管理責任者には、関連する研修会や学会へ参加して知識を得る努力を続けることが求められる。また、単に参加するのではなく、自ら支援の経過をまとめ発表することも、結果として力をつけることとなるので、積極的に取り組んでもらいたい。また、事業所内の研修も組織的に行うことが重要である。

　「対人関係能力」として、コミュニケーション能力は特に重要である。技術的・操作的な面接技法を身につけることも必要であるが、まず相手の話を聞くという姿勢を持つことが「力」である。利用者に必要なことを理解してもらおうと思うあまり、一方的に説明をしてしまうことがある。相手がどのようにこちらの主張を聞いているか、態度や目線など相手の様子を確認しながら話すことが必要である。もちろんわかりやすい言葉かけ、相手が主張したことを簡単にまとめて、相手に伝え直して確認するといった言葉のキャッチボールができるかどうかが求められるのである。この力は利用者との間のみに必要なものではなく、各専門職や相談支援専門員等と調整を行うときも同様である。

　「概念化・総合判断力（見通す力）」として、利用契約からアセスメントまでの過程を通して、利用者の到達目標とサービス終了後の姿をある程度想像できる「力」が必要である。計画終了後の姿を想像することは、これから始まる実際のサービス内容や提供のあり方を検討するために必要な力なのである。

　また、サービス提供を効率良く効果的に進めるためには、各専門職が提供するサービスの組み合わせのバランスをしっかりとることが必要である。1日あるいは週間のスケジュールに空きが多かったり、逆に詰まりすぎて利用者の負担が大きくなると、サービス効果も下がるものである。サービス提供期間全体の時間の推移を考慮しながら「どのサービスをいつ提供するか」といったことを考えなくてはならない。つまりは、ここでも全体を見通し最適化する「力」が必要なのである。

4　よくありがちな失敗と回避のためのヒント

（1）　生活介護事業所や施設入所支援を行う事業所の目標は「安定した生活」のみではない～主軸とする目標と副次的な目標～

　障害者自立支援法が施行された2006年当時に、多くの施設が個別

支援計画の目標として、「施設内での生活の安定」をあげている[1]。安心して安定した生活を送ることを保障することが施設の最大の目的であり、これを果たす機能を事業所は有しているという論理である。

しかし、この「施設内での生活の安定」は、利用者の意識を低下せしめ、施設内での生活適応のみがすべてに優先される結果として、利用者のホスピタリズムをもたらす。

また、日々変化に乏しくマンネリ化した業務の積重ねが結果として、職員のバーンアウトを生む原因の一つとなっている。

ただし、例えば、入浴や排泄等の基本生活動作に制限のある利用者に対する介護サービスは不可欠であり、これを提供するための計画は無論必要なことである。問題は、「施設内での安定」のみをサービスと考えることの危うさである。

この危うさを意識しながら、本来の目標を確認したうえで、生活の安定に関する計画も併せて立てるものなのだということを意識しなければならない。この「生活の安定」という目標は事業所のサービス機能の一部ではあるが、主軸となる機能ではないということを明確に意識する必要がある。

個別支援として計画を立てる目標の主軸には、「その人らしく自立した生活を営むための支援」という理念が基盤にあることを忘れてはならない。

さらに訓練等給付事業においても注意を要する点がある。自立訓練事業は、生活を営むために必要な力を高めるものであり、就労移行支援事業や就労継続支援事業は、就労する力を養うことに併せ、「就労権」を保証するための支援である。しかし、施設の職員自体が利用者の自立と就労にあまり現実感を持っておらず、この目標達成が困難と思いながらも、自立と就労保障を果たすためにサービスを展開しなくてはならないという、従属的な義務感に捕らわれている場合がある。

「ADLの獲得」や「就労する」という基本的な目的はあっても、あくまでも利用者の幸福追求権を保障するための支援が事業所に求められていることを認識し、一人ひとりの幸福とは何かという意識を常に持ち、利用者の望むアウトカムを確認して、支援計画を立てることが必要である。

さらに、利用者一人ひとりのエンパワメントする過程が支援であ

[1] 「平成18年度厚生労働科学障害保健福祉総合研究事業 地域移行を推進していく施設内個人別プログラムの構築と入所施設利用者および施設職員のホスピタリズム改善に関する研究総括研究報告書」（主任研究者：谷口明広），2007．

るととらえることも重要である。今の状態の安定を保証するのではなく、「一般水準の獲得を試みる」ことに支援の主軸をおくべきである。ここに個別支援計画の主軸とする目標が存在するのである。

（２）　就労移行支援で技能を身につけただけで就職できるとは限らない

　就労移行支援事業を行う事業所では、利用者本人の技能の向上を基本として、支援計画を構築することがある。「就職する」という目標に到達するには、利用者の技能向上はもとより、具体的な就労先の業務内容や雇用に関するニーズ、就労先の人間関係、就労をサポートするジョブコーチの存在の有無などが影響する。

　提供するサービス項目として、利用者の技能向上や職場でのマナーなどを身につけるといった個人を高める訓練サービスだけで就職することは難しい。

　「就職する」という到達目標を立てるのであれば、以下のような環境面での支援が必要である。

　①　就職先の情報を集めるため、公共職業安定所に本人と出向く。
　②　個別に企業を訪問して、障害者雇用の理解と具体的な雇用ニーズを聞いてくる。
　③　企業に利用者ができそうな業務の切り出しを検討してもらうための調整をする。
　④　企業と実習の受入れを調整する。
　⑤　地域の就労支援センター等、障害者就労をサポートする機関に具体的に一人ひとりの利用者の支援について協働を依頼する。

　こういった支援を事業所が継続的に行うことが、就職支援では欠かせないものである。

　筆者の勤務する事業所では、利用者個人の技能や職場マナー等の向上や改善があまりみられずとも就労することができた利用者の事例を持っている。その利用者は、彼の持つ障害ゆえ、手指の巧緻性を必要とする業務は難しく、また、自己を客観的にとらえることが苦手な人だった。しかし、事業所を１日も休まず、激しい雨の中でも、夏の暑さに体中汗まみれになっても通所してくる人であった。

　ある時、飲料水メーカーから話があり、ルートセールスの車に運転手と同乗している仕事での求人があった。ルートセールスは、路上に車を止めて、小売店に飲料水を卸す仕事である。そのため路上

駐車中に誰か車に待機する人が必要であった。つまり、雇用ニーズとしては、「車で待機していること。ただし、限られた人員でルートセールスをしているので、休まず働いてくれる人」というものであった。これに対し、担当のケースワーカーが「何があっても休まない」この利用者を紹介し、就労できたのである。

　ここで重要なのは、担当する職員が、日頃から利用者のマイナス面だけをみているのではなく、ストレングスもしっかり把握していたというところにある。それが、「休まずに働いてくれる人」という雇用ニーズと「何があっても休まない」というこの利用者のストレングスとのマッチングであった。

　逆に、マッチングがうまくいかず、技能的にはある程度、力があっても就職できない人も存在する。

　就労移行支援では、個人の「力」の向上と「環境の調整」を両輪とした個別支援計画が必要である。また、サービス提供の過程で、その人のストレングスを見逃さずに把握する努力が必要である。そして、雇用先のニーズとうまくマッチングするよう調整が求められるのである。

（3）　事業所の個別支援計画だけでは完結しない

　就労継続支援事業所によるサービス提供は、「働く」という言葉に置き換えられた「作業」がサービスとして提供される。これは、自宅に閉じこもることなく、生活のなかで何らかの役割を持ち、その見返りとして賃金をもらうという、基本的な社会の営みを保証するサービスである。もちろん、一般就労をそこから目指すことも忘れてはならないが、現実的には厳しいことも事実である。

　また、就労継続支援事業で行われる作業は、一般企業から請け負った簡単な作業から、企業や学校の食堂部門やリネンクリーニングを請け負うなど、さまざまである。これらの請負作業には、ノルマや一定の業務量が求められるものであり、これが達成されないと請負を切られかねないという、不安定な状況と表裏一体である。そのため、利用者の作業でまかない切れない部分をパートタイマーの雇用や、少ない職員の残業でこなしていることが多い。また、当然利用者の作業には見守りを含めた支援が必要であり、職員たちが作業に集中できるわけではない。

　このような状況下で、利用者一人ひとりの個別支援計画を立てる

インテーク → アセスメント → サービス等利用計画の作成 → 相談支援時の状況把握 → アセスメント → **個別支援計画の作成** → **個別支援計画の実施** → モニタリングと計画の修正 → 終了時評価

ことは大変難しいところである。残業を繰り返すなかで、アセスメントから調整会議、そして計画作成と十分に行えているとはいいがたい。結果として個別支援計画の内容も、作業をいかに上手にするかといったポイントのものが多くなる。

　就労継続支援事業を行う事業所のサービス管理責任者から、個別支援計画作成の難しさを訴えられることが多いが、これは決して彼らに計画作成のノウハウがないのではなく、現状のサービス体系からくる歪みなのだと理解すべきである。

　しかし、これを嘆いているだけでは、就労継続支援を受ける利用者の「望むアウトカム」は、いつまでも獲得できない。そこで、工夫すべきは、サービス等利用計画の充実である。

　就労継続支援事業者が単独で、利用者の望むアウトカムを支援しているわけではない。望むアウトカムの達成に向けた活動と支援の根底に、サービス等利用計画があり、その一部を就労継続支援事業者が担っていると認識することである。

　就労継続支援事業所だけでは、サービスできない部分をその他の地域の社会資源で補うという基本を確認することである。計画相談支援事業者からの定期的なモニタリングを待つのではなく、日頃から相談支援専門員へ利用者の状況を知らせるとともに、就労継続支援のサービス以外で利用者の生活の幅を広げられる支援を一緒に考えてもらうよう情報交換に努めてほしいところである。

第4節　個別支援計画の作成と実施

第5節 モニタリングと計画の修正とサービスの終了

1 モニタリングと計画の修正の概要

（1） サービス提供事業者が実施するモニタリングと計画の修正

　サービス提供事業者は個別支援計画に基づき提供するサービスについて、定期的なモニタリング（以下、サービス管理責任者によるモニタリング）の実施を求められる。

　モニタリングの時期と回数は、厚生労働省の基準省令によると、療養介護、生活介護、就労継続支援Ａ型、就労継続支援Ｂ型、共同生活援助の各事業が6月に一度以上であり、自立訓練（機能）、自立訓練（生活）、就労移行支援が3月に一度である。

　モニタリングの実行とこれに伴う個別支援計画の修正についてもサービス管理責任者の業務である。サービス管理責任者は各専門職へサービスの提供状況等を整理させ、報告を促すとともに、利用者からの聞き取りを行う。そのうえで、利用者本人と各専門職を集めた会議を開催し、今後の方針を確認するものである。

　しかし、サービス事業所の状況によっては会議を開催せず、サービス管理責任者が各専門職から文書で状況を提出させ、全体の状況を把握したうえでこれからの方針を確認するという方法もある。基本はやはり会議に各専門職を招集すべきであり、個別支援の総体を確認しながら、それぞれのサービス提供状況を検討したほうが効果的である。なお、モニタリングの開催時期については、基準省令で定められた期間ごとに実施することを前提として、これに個別支援計画で設定した短期目標の達成時期を合わせて行うのが一般的である。

　会議への利用者の参加は基本である。しかし、事業所の状況によって参加できないこともあるので、サービス管理責任者は事前に利用者の意向や意見を十分聞き取り、反映できるような柔軟な対応を必要とする。

　さて、モニタリングの会議を実施する前にサービス管理責任者が主に行うことを整理すると以下のようになる。

　① モニタリングのための会議の招集を各専門職に伝える。

② 各専門職はこれまでのサービス提供や訓練の結果等をまとめて会議で説明できるように準備をする。
③ サービス管理責任者または担当の生活支援員が利用者やその家族と会い、サービスや訓練の状況を確認するとともに意向や意見を聞き取る。
④ サービス管理責任者は、各専門職からサービス提供や訓練の進捗状況を整理した文書を受け取り、また、利用者等との面接で聞いた内容も含めて会議用の資料を作成する。モニタリング会議の資料として見やすい書式を事業所ごとに決めておき、各専門職から提出される文書や、利用者等から聞き取った意向や意見を簡潔に記載する。

　会議資料を見やすいレイアウトで簡潔にまとめておくことは、利用者や会議に集まった専門職の共通理解を促す効果があるとともに、モニタリングの記録としての意味も持つ。この書式については、特に制度的な定めがないことから、各事業所で工夫して使いやすいものをつくることを推奨したい。

　資料に書き表し、会議で確認・検討する内容は基本的に以下のようなポイントである。
① 短期目標に設定した活動や支援の内容が十分達成されているのか
② サービス提供や訓練等の経過で解決すべき新たな課題があるか
③ 利用者は満足しているか
④ 利用者から変更を求める意向は示されてるか
⑤ 利用者が職員に対して不満を持っているか
⑥ 家族から何か意向や意見があるか　など

　会議では資料に記載された内容を各専門職から説明するとともに、サービスや訓練を受けた感想や思い、さらに、今後の意向・意見を利用者から述べてもらう。利用者が出席できない場合は、利用者に代わりサービス管理責任者が述べることとする。

　それぞれの説明を聞いた後、上記のポイントを基本として、検討を進めるという次第である。

　会議の進行役はサービス管理責任者が担うものであるが、同時に利用者のアドボケーターとして、利用者が述べる意向や意見で表現上足りない部分やまとまりがない部分などを補足することも忘れて

はならない。

　以上のような確認および検討ができたならば、個別支援計画の見直しの必要性を検討することとなる。検討のポイントは以下のようなものである。

　① 次の短期目標を検討し設定する。ただしあらかじめ初期の段階で、到達目標までに至る各段階の短期目標が設定している場合は、その短期目標の修正の有無を検討することとなる。
　② 新たな課題が生じた場合は、対応を検討し、必要に応じて新しい目標を設定する。
　③ 新たな課題が当該サービス提供事業者で対応することが難しいと考える場合は、指定特定相談支援事業者の相談支援専門員と調整することも検討する。

　会議の結果、新たな課題を解決するために他のサービス事業を利用する必要があると判断した場合は、相談支援専門員を介してサービス利用に向けた調整とサービス等利用計画の変更調整を行う必要がある。ただし、サービス等利用計画の変更申請はその所有権者である利用者が行うものであることから、会議の結果を利用者に確認し、申請を促すこととなる。サービス管理責任者のここでの役割は、利用者の支援として、相談支援専門員に申請する際の同行や補助である。

　上記の調整を終えるか、あるいはその調整の必要がない場合は、会議での検討結果をもとに、必要に応じて修正を加えた中期の個別支援計画案を作成する。作成に当たっては初期の個別支援計画を作成した時と同じ手順で、利用者および事業所の運営管理者の承認を得るものとする。なお、利用者からの承認はこれも初期と同じように個別支援計画書にサインをもらう形式をとることとなる。

（2）　指定特定相談支援事業者が実施するモニタリングと計画の修正
　サービス等利用計画を作成した指定特定相談支援事業者の相談支援専門員は、「指定継続サービス利用支援」として、サービス提供が円滑に実施されていることなどを確認するために、サービス提供事業者を訪れモニタリング（以下、相談支援専門員によるモニタリング）を実施することとなっている。
　サービス等利用計画の作成は、2012年4月からの制度改正により、原則、障害福祉サービスを利用するすべての障害のある人がこの対

インテーク → アセスメント → サービス等利用計画の作成 → 相談支援時の状況把握 → アセスメント → 個別支援計画の作成 → 個別支援計画の実施 → **モニタリングと計画の修正** → 終了時評価

象となった。しかし、制度改正からまだ日が浅いことに加え、事業を展開する相談支援事業者の絶対的不足といった問題もあり十分定着しているとはいい難い状況である。

　そこで、どのような役割が相談支援専門員によるモニタリング等に求められているかといった点を国の省令等から考察することとしたい。

　相談支援専門員によるモニタリングに関しては、障害者総合支援法第5条第21項に規定され、「障害者の日常生活及び社会生活を総合的に支援するための法律に基づく指定計画相談支援の事業の人員及び運営に関する基準」(平成24年3月13日厚生労働省令第28号)(以下、計画相談基準省令)の第15条第3項に「指定継続サービス利用支援の方針」として定められているので、その部分を以下に抜粋して示す。

第15条（指定計画相談支援の具体的取扱方針）
3　指定計画相談支援における指定継続サービス利用支援（法第51条の17第1項第2号に規定する指定継続サービス利用支援をいう。）の方針は、第2条に規定する基本方針及び前2項に規定する方針に基づき、次の各号に掲げるところによるものとする。
　一　相談支援専門員は、サービス等利用計画の作成後、サービス等利用計画の実施状況の把握（利用者についての継続的な評価を含む。次号及び第30条第2項第2号ニにおいて「モニタリング」という。）を行い、必要に応じてサービス等利用計画の変更、福祉サービス等の事業を行う者等との連絡調整その他の便宜の提供を行うとともに、新たな支給決定又は地域相談支援給付決定が必要であると認められる場合には、利用者等に対し、支給決定又は地域相談支援給付決定に係る申請の勧奨を行うものとする。
　二　相談支援専門員は、モニタリングに当たっては、利用者及びその家族、福祉サービス等の事業を行う者等との連絡を継続的に行うこととし、法第5条第21項に規定する厚生労働省令で定める期間ごとに利用者の居宅等を訪問し、利用者等に面接するほか、その結果を記録しなければならない。
　三　前項第1号から第7号まで及び第10号から第12号までの規定は、第1号に規定するサービス等利用計画の変更について準用する。
　四　相談支援専門員は、適切な福祉サービス等が総合的かつ効率的に提供された場合においても、利用者がその居宅において日常生活を営むことが困難となったと認める場合又は利用者が指定障害者支援施設等への入所又は入院を希望する場合には、指定障害者支援施設等への紹介その他の便宜の提供を行うものとする。
　五　相談支援専門員は、指定障害者支援施設、精神科病院等から退所又は退院しようとする利用者又はその家族から依頼があった場合には、居宅における生活へ円滑に移行できるよう、あらかじめ、必要な情報の提供及び助言を行う等の援助を行うものとする。

上記の第15条第3項第1号では、「指定継続サービス利用支援」の基本的な方針が示されており、条文中の「サービス等利用計画の作成後、サービス等利用計画の実施状況の把握（利用者についての継続的な評価を含む。…中略）を行い」という点で明らかなように、サービス等利用計画により、各種サービス提供が始まった後、その提供状況を把握することが役割であるとされている。また、ここで「継続的な評価を含む」と記載される部分がモニタリングを示しているものである。

　第2号では、継続的に利用者やその家族、サービス提供事業者との連絡を行うことの必要性を示している。また、「利用者の居宅等を訪問し」とある部分の「等」には、サービス提供事業者が含まれると解釈すべきである。サービス提供事業者を訪問し、利用者がどのようなサービスを受けているのかといった様子をみて、利用者から話を聞くことがモニタリングを実施するうえで求められるものということである。

　これに関しては、計画相談基準省令の解釈通知である、「障害者の日常生活及び社会生活を総合的に支援するための法律に基づく指定計画相談支援の事業の人員及び運営に関する基準について」（平成24年3月30日障発0330第22号）の第二2（11）「指定計画相談支援の具体的取扱方針（基準第15条）」の中でも次のように示されているので参照されたい。

---

⑯モニタリングの実施（第3項第2号）
　相談支援専門員は、モニタリングに当たっては、サービス等利用計画の作成後においても、利用者及びその家族、福祉サービス事業を行う者等との連絡を継続的に行うこととし、市町村が支給決定又は地域相談支援給付決定の際に、利用者に対して通知する<u>モニタリング期間</u>ごとに、利用者の居宅、精神科病院又は障害者支援施設等で面接を行い、その結果を記録することが必要である。

　第3号では、モニタリングの結果によりサービス等利用計画を変更するときの手続きや方法等を示しているものである。つまり、この条文中で示している「前項第1号から第7号までおよび第10号から第12号までの規定」が、サービス等利用計画作成に関する手続きや方法を示した条文であり、変更に際しても同様の手続きと方法で行うものであることを示しているのである。

第4号では、居宅で生活をすることが困難となった場合の支援として、施設入所支援や病院への入院という緊急事態への対応を示している。障害福祉サービスを利用する障害のある人の生活全般にわたり、相談支援専門員が関与していくものであるという考え方がうかがわれるものである。

　第5号では、施設入所支援や病院での入院生活を長期にわたり送っている障害のある人を地域へ戻すための対応を示している。指定一般相談支援事業者が行う、地域相談支援との連携も視野に入れた情報提供や支援が必要である。

　以上、計画相談基準省令に示された内容から、これまで障害福祉サービスはそれを提供するサービス提供事業者の裁量に任せるところが大きかったことに対して、今後は、サービス等利用計画をもとに相談支援専門員がサービス提供事業者の提供するサービス全般にわたり積極的に関与するものであることを示していると理解できる。

　これは、障害福祉サービスが「生活し続ける個人」としての障害のある人を支援するために存在していることを示し、一人ひとりの障害のある人のニーズに応じて、切れ目なくサービス提供を図ることの必要性を表しているとも解釈できる。また、こういった切れ目ないサービスをマネジメントする役割を相談支援専門員に求めているのである。

　今ひとつ「計画相談基準省令」から読み取れる重要な点としては、前記抜粋の第1号の条文の後半部分に書かれている「新たな支給決定又は地域相談支援給付決定が必要であると認められる場合には、利用者等に対し、支給決定又は地域相談支援給付決定に係る申請の勧奨を行うものとする」という部分である。これは、サービスの変更や追加の必要性を相談支援専門員が認識した場合、即応的に変更や申請のための調整を行うのではなく、まず利用者に説明し、利用者が主体的に判断したうえで申請をすることを求めているものである。つまり、サービスの必要性は利用者が「判断する」ことであり、相談支援専門員はその「判断する」という行為を支援するものという基本的な考え方に立脚しているものなのである。このことから、利用者の「望むアウトカム」を獲得するための「本人中心の個別支援」が障害福祉サービスの基本であることを示していると理解できるのである。

モニタリングの時期と回数については、サービスの種類、障害のある人や家族の置かれている状況等によって市町村が定めることとなっている。また、障害者の日常生活及び社会生活を総合的に支援するための法律施行規則第6条の16で市町村が定める際に勘案するための区分が示されており、簡単にまとめると以下のようになる。

	サービスの種類や勘案される理由の相違ごとの区分	期間
1	支給決定または支給決定の変更によりサービスの種類、内容または量に著しく変動があった者がサービスを開始してから3か月に至るまでの間	1月ごと
2	1を除く、障害福祉サービスの利用者または地域定着支援の利用者のうち以下に該当する者 （ただし、療養介護、重度障害者等包括支援および施設入所支援を除く） ① 障害者支援施設からの退所等に伴い、一定期間、集中的に支援を行うことが必要である者 ② 単身の世帯に属するためまたはその同居している家族等の障害、疾病等のため、自ら指定障害福祉サービス事業者等との連絡調整を行うことが困難である者 ③ 重度障害者等包括支援にかかる支給決定を受けることができる者	1月ごと
3	1および2を除く、障害福祉サービス利用者もしくは地域定着支援利用者または地域移行支援を利用する者 （ただし、療養介護、重度障害者等包括支援および施設入所支援を除く）	6か月に1回
4	1および地域移行支援を利用する者を除く、療養介護、重度障害者等包括支援または施設入所支援を利用する者	1年に1回

　この区分をみると、障害福祉サービスを新規または変更決定後に受ける場合や、区分の「2」に該当するように、何らかの複雑な課題がある場合は、手厚いモニタリングの実施が求められていることがわかる。

（3）サービス提供の終了
　サービス提供の終了にあたっては、終了時の評価を行う必要がある。サービス開始から終了に至るサービス提供の全般にわたる評価である。終了時の評価の目的を整理すると主に以下のような4点が考えられる。
　① 利用者個人にとって提供したサービスが有効で満足のいくも

のであったのか、あるいはなかったのかという点を確認する。
② サービスを提供する側からして、適切に効率良く効果的な支援ができたのか、あるいはできなかったのかという点を確認する。
③ サービス利用を終える利用者のこれからの活動の目標は何か。また、支援の必要性の有無を確認し、特定相談支援や一般相談支援につなげていく。
④ 今回のサービス提供から、サービス提供事業者として今後改善する事柄があるか確認する。

①に関しては、サービス管理責任者や担当の生活支援員等が面接を通して利用者から聞き取り、聞き取った内容を文書にまとめておくとよい。また、「終了時アンケート」を用意して記載してもらう方法もある。寄せられた多くの終了者からのアンケートは、サービス提供体制を俯瞰的に確認するための量的データとなり、サービス提供を見直すためにも役立つものである。

②に関しては、初期の個別支援計画作成から始まり、期間を設定して実施したモニタリングとしての中間評価、そして終了時点での目標の達成度等全般にわたり、サービス提供を振り返ることが求められる。本節1（1）で述べた「モニタリング会議」を終期のモニタリング会議として実施して確認するとよい。

③に関しては、サービス提供全般の振り返りを受けて、残された課題がないかまず確認する。もし残されている課題があるならば、それも含めて、終了する利用者の目標を考えるものである。利用者と①で示した面接のなかで、今後についても話題になると思われるが、意図的にこの話題に触れるべきである。それは、これからの人生を歩んでいく主体としての利用者が、気持ちや思いを整理することに役立つと思われるからである。

また、長年生活介護や施設入所支援を受けていた利用者が、グループホームや一人暮らしを始めようとしているのであれば、なおのこと気持ちや思いを整理し、「今後どのような活動を行っていくのか」「そこにはどんな支援を必要としているのか」といった点を利用者と共有しておく必要がある。

施設を出ることは目標の達成ではなく、一つの通過点である。真の自分らしい生活、「望むアウトカム」の獲得がこれから始まるのである。

そのためにサービス管理責任者は、共有した気持ちや思い、さらに、これまで提供したサービス結果（終期のモニタリング結果）を相談支援事業者へ文書によって引き継ぐことが求められる。

④に関しては、①および②の結果を踏まえて、サービス提供事業者としての振り返りを行うものである。サービス提供事業者が提供するサービスは、事業所の設備や職員体制等により制限を受けるものである。ついその制限に囚われて、事業所側の都合によるサービス提供が優先されてしまい、「サービス提供は一人ひとりの利用者のニーズに応じたものである」といった基本的な考え方が薄れてしまう。それはサービスの質の低下を招く一因となることを認識し、一人の利用者の支援の結果を次の複数の人への支援の糧としてほしいのである。

2 配慮したい点

（1） 二つのモニタリング

サービス管理責任者によるモニタリングと相談支援専門員によるモニタリングとでは、その目的や実施時期が若干違っている。

サービス管理責任者によるモニタリングの目的は、サービス提供事業者が実施するサービスの進捗状況を起点として、その検証を図り、必要な個別支援計画の修正を行うものである。それに対し相談支援専門員によるモニタリングの目的は、サービス提供事業者が実施するサービス状況を確認すると同時に、新たな課題への対応やそれに伴うサービス等利用計画の変更についてその必要性を判断するものである。

一方、双方で共通しているのは利用者の意向や希望を聞き取るとともに、満足度を評価することである。さらに利用者の意向を反映させるべく、各専門職との調整を行うことである。つまり、利用者のアドボカシーを保障することが両者に共通しているものである。

したがって、モニタリングの役割を担う、相談支援専門員とサービス管理責任者は利用者のアドボケーターとしての立場に立って、モニタリングを進める必要がある。

この二つのモニタリングは、上下関係にあるものではなく、並列的にお互いの立場で実施するものである。そしてモニタリングの結果をもとに両者が検討を行い、必要な計画の見直しを行うものである。サービス提供事業者の活動や運営に相談支援事業者が監査のご

とく介入してくるというような間違った認識は持たないよう注意してほしい。あくまでも利用者の立場から、提供しているサービスを検証・確認するものなのである。

また、二つのモニタリングを同時に一括して行うべきものなのかというと、必ずしもそうではない。利用者をアドボケートするという立場を取りながらも、それぞれの役割の違いに着目して実施すればよいものである。

(2) サービス管理責任者によるモニタリングの期間と短期目標の設定時期

サービス管理責任者によるモニタリングについては、省令の規定により、事業ごとに3か月あるいは6か月に1度以上実施することとなっている。これに対して、短期目標の期間は、個別支援計画による到達目標から算出されるサービス提供期間をいくつかに区切って設定されることとなる。初期のアセスメントにより、おおむねこの程度の期間で達成されるであろうという予想からの設定である。

設定した期間の終わりに、短期目標の達成状況やサービス提供状況の検証を行い、計画の見直しを図ることは当然必要なことである。つまり、モニタリングを行うのがこのタイミングなのである。モニタリングの回数を定めた省令の規定を念頭に置きながら、短期目標の達成時期を設定するよう配慮するものである。

(3) モニタリングの記録様式について

モニタリングの記録に関しては、相談支援専門員によるモニタリングおよびサービス管理責任者によるモニタリングの双方とも、結果を記録して5年間保存することが求められている。

そこで、記録するための様式を整備する必要があるが、公式に定められた様式はない。ただし、相談支援専門員によるモニタリングに関しては、2012年2月20日に厚生労働省で開催された、「障害保健福祉関係主管課長会議」(社会・援護局保健福祉部障害福祉課／地域移行・障害児支援室)の資料に「モニタリング報告書(継続サービス利用支援・継続障害児支援利用援助)(例)」として様式の例を掲載している。

この様式に設定されている項目をみると、サービス等利用計画に掲げられている「支援目標」「達成時期」という項目を再掲し、そ

れに対する評価結果として、次に「サービス提供状況（事業者からの聞き取り）」「本人の感想・満足度」「支援目標の達成度（ニーズの充足度）」「今後の課題・解決方法」といった4項目を記述形式で求めている。さらに、「計画変更の必要性」という項目があり、その下位項目に「サービス種類の変更」「サービス量の変更」「週間計画の変更」をあげ、項目ごとに有無をチェックする形式となっている。これらの項目は、本節1（2）で紹介した計画相談基準省令の内容に沿ったものと解釈できる。しかし、あくまでも参考例示であり、それぞれの事業所のサービス提供の特性がわかりやすく表現できる書式を作るべきである。サービス等利用計画書や個別支援計画書と同様に、モニタリングの結果を表す資料も、利用者に説明することを前提に工夫してほしい。

（4）地域移行時の家族への配慮

　計画の終盤である、終了後の生活に向けての準備段階では利用者のみならず、その家族に対する配慮等も想定しておく必要がある。特に生活介護や施設入所支援を長年利用していた利用者が地域移行を目指すときなどがそうである。

　障害者基本法で謳われている理念からして、障害者施策が目指す方向は、共生社会の実現であり、その人が「どこでどのように住むか」ということを決定する権利は障害のある人本人が持っているものである。しかし、この理念と権利を支える財源保障や制度を含む社会環境の整備が十分な状態にあるとはいいがたい。近年のわが国を取り巻く、経済情勢や少子高齢化の影響を拭い去れない以上、今後の社会環境整備を楽観的にみることはできない。その分、地域で生活を続けるにあたり、見守り以上の介助を日常的に必要とする人々にとっては、厳しい状況が続いているのである。

　だからといって、障害のある人の権利が軽んじられてよいわけではない。また、さまざまな工夫や共助・互助を含めて多くの人からの支えを受けて、主体的に自分の生活を続けている障害のある人は少なからずいることも事実である。

　計画相談と一般相談の業務の棲み分けはともかくとしても、相談支援事業者やサービス提供事業者に求められる支援の根本は、こういった主体的に自分らしく生きる人を支えることである。そのための「サービス」「相談」「調整」であり、サービスの「創造」なので

ある。

　しかし、家族はどうであろうか。専門職でもなく、正確な情報を十分持っているとは限らない。自分の家族としての道義的な責任や民法による扶養義務に迫られながら、障害を持つ家族の世話をしているとしたら、悲劇的な結果を生む危険性を孕んでいることになる。つまり、家族もまた孤立した存在なのである。

　少なくとも、相談支援専門員やサービス管理責任者はここを見過ごしてはならない。家族は利用者本人からみて決して敵ではない。敵のような振る舞いになっているのは、家族が孤立しながら、責任だけを迫られているように感じてしまっているからである。十分な説明と具体的な支援計画、場合によっては一人暮らしを実践している人からの体験談を聞く機会を設定するなど、さまざまな情報提供を行い、家族の納得を得られるような働きかけも検討すべきである。

　なぜならば、特に障害を持つ親からいわれる「親亡き後の心配」という言葉からわかるように、決して障害を持つ子や兄弟を邪魔者と思っているのではなく、お互いに安心して暮らせる状況を望んでいるからである。この課題をうまく乗り越えることができれば、家族は決して敵ではなく味方になってくれるものと考えている。

3　作業遂行に必要なスキル

　モニタリングの目的から考察して、現在実行されているサービスの状況を把握し、その良し悪しを判断するための総合判断力がまず必要である。また、利用者からの聞き取りでは、単に良し悪しを聞き取るのではなく、「なぜそう思うのか」「利用者はその原因がどこにあると思っているのか」「どう変えていきたいと思っているのか」といった点の聞き取りを可能とするコミュニケーション能力が必要である。

　総合判断力を担保するためには、専門職が行うサービスに関する知識を持つことであろうが、相談支援専門員やサービス管理責任者に医師、看護師、PT、OT等の専門職と同等の専門知識を求めることは難しいことである。しかし、専門職からの聞き取りができなければ評価にならないことから、基本的な専門用語程度は覚える努力を求めたい。

　コミュニケーション能力に関しては、本音を聞き出せるほどの力を持つことが望ましい。単に会話の巧みさだけではなく、表情の変

化や言葉のトーンの違い等、非言語的に表出される感情の変化を読み取る、あるいは読み取れないまでも、「様子のおかしさ」に気づき質問の方向を変えたり、違う質問に切り替える等の対応が取れるよう面接技術を高める努力が必要である。

　サービスの終了に当たってはモニタリングと同様に、総合判断力やコミュニケーション能力を必要とするが、中でも折衝能力に関しては、本節 2 （4）で述べたような、家族への理解を進めるためにも必要と考えるところである。

4　よくありがちな失敗と回避のためのヒント

（1）　事業所に訪問しないモニタリングでよいのか

　利用者が支給決定を受けている市町村から離れた地域の障害者支援施設に入所している場合、相談支援専門員によるモニタリングを訪問にて行うには時間とコストがかかる。そこで、相談支援専門員が障害者施設のサービス管理責任者へモニタリングの用紙を送り、作成を依頼することがある。障害者支援施設のサービス管理責任者は何の懸念も持たずに用紙を作成し返送したとすると、これは明らかに間違いである。

　2012年 4 月からの制度改正により、計画相談支援としてサービス等利用計画を作成し、それに基づきサービス提供が始まると継続サービス利用支援として相談支援事業所の相談支援専門員によるモニタリングが行われるものであり、これは訪問して行うこととされているのである。

　障害福祉サービスのあり方は、サービス提供をサービス提供事業者任せにするのではなく、また、サービス提供終了後の地域での生活を支えるところまで、一貫して相談支援事業所が担う、まさに地域で暮らすことを前提としたシステムになったのである。

　これまで一貫性が乏しかったがために、障害者支援施設を出て地域移行をする場合等では、地域との調整が困難な場合が多々みられていた。

　また、ある障害のある人から障害者支援施設に就労移行支援を施設入所支援と合わせて利用する希望があり、市町村も特に問題なく障害サービス受給者証を交付していたので、希望を受けた障害者支援施設が受け入れたところ、作業や訓練に積極的に参加せず、ただ居場所を確保することが目的であったというケースもある。さらに、

インテーク → アセスメント → サービス等利用計画の作成 → 相談支援時の状況把握 → アセスメント → 個別支援計画の作成 → 個別支援計画の実施 → **モニタリングと計画の修正** → 終了時評価

　その施設のサービス管理責任者が家庭を訪問したところ、母親も障害があり、家族単位の支援が必要であることが初めて明らかになったという。

　市町村の担当者がこの事態を把握していなかったことに問題があるとする見方もできるが、福祉関係者と接点がないために孤立している障害のある人がまだ多くいるのが現実である。これを解決するための仕組みが計画相談支援であり、このケースでも相談支援事業者と接点を持ち、孤立していなければと考えざるを得ないものである。

　2012年4月からの制度改正では、相談支援事業者が地域とサービス提供事業者を分断することなく、一貫的な支援を展開することを持って、その人らしく住みたい場所で暮らし続けることを保証するとともに、地域で暮らす障害のある人やその家族の孤立を防ぐことといったねらいがある。

　こういったねらいがあるにもかかわらず、相談支援専門員のモニタリングを事業所のサービス管理責任者へ依頼してしまうのは、制度改正の意味を消し去ることである。サービス管理責任者はこういった依頼を断り、訪問によるモニタリングを要請すべきである。

　もちろん問題がないわけではない。それは、相談支援事業者の絶対的な不足という問題である。相談支援事業所のスタッフがオーバーワークになっている状況もよく耳にするところである。

　国はすべての障害福祉サービス利用者にサービス等利用計画を作成し、計画相談支援を行うため、2012年から3年間の準備期間を設けているが、この問題が解決する見込みがあるかどうかは不明である。

　また、国は地域を離れて遠方の障害者支援施設でサービスを受ける利用者のモニタリングについて、障害支援施設の近隣にある指定特定相談支援事業者へモニタリングの代行を依頼することを解決策として示している。

　これにより、モニタリングの専門性と客観性は担保できるとしても、代行を受けた相談支援事業者が、該当する利用者のその後の地域生活支援まで担うものではない。さらに、大規模な障害者支援施設がある地域の相談支援事業者は、各地からの依頼をこなすことに追われてしまう危険もある。結局、今回の制度改正のねらいから外れてしまうという問題が残る。

こういった問題があるとしても、地域の相談支援事業を核とする障害福祉サービス提供のあり方は、地域の障害のある人を孤立させず、その人らしく生活することを支えるための重要な体制であると考える。そこで、すべての利用者に可能とはいえないとしても、徐々に相談支援専門員によるモニタリングの件数を増やす努力を相談支援事業者とサービス提供事業者の双方が連携して行っていくべきである。

　また、モニタリングの期間設定に権限と責任を持つ市町村や、制度設計自体に責任と権限を持つ国においても、財政的に厳しいなかではあるが、相談支援事業の充実と併せて努力や工夫をしてもらいたいところである。

（2）サービス提供の終了が支援の終わりではない

　個別支援計画が進行し、サービスの提供が終了したことをもって、サービス提供事業者の役割が終わると考えるのは早計である。終了後6か月はフォローアップに対する給付費上の加算が認められていることからもわかるように、サービス終了後しばらくは不安定な状況に陥りやすい。

　また、特定相談支援、一般相談支援双方を含めて一貫した支援を地域で展開することに制度上はなっているとはいえ、相談支援事業の充実度は地域によって差がある。こういった場合、これまでサービスを提供していた、サービス提供事業者の支援が一つのポイントとなる。

　つまり、その地域の中で、これまでのサービス提供を通して、利用者や家族の状況をよく理解しているのがサービス提供事業者であり、どのような問題が発生し、どのような工夫で解決が図れるかという情報を一番持っている存在だからである。

　サービス終了にあたっては、当該事業所のサービス管理責任者が中心となり、地域に点在する各サービス提供事業者や相談支援事業者を集め、「地域調整会議」等を開催する、といったアクションを起こしてもよいものである。

　「その人をよく知る人がその人のために主体的に動く」という、シンプルな考え方を持つべきである。また、具体的な「Aさん」「Bさん」の支援検討を通して、問題と解決策を共有していく。その結果として、地域に存在する他のサービス提供事業者や相談支援事業

者との関係強化が図られ、サービスの質の向上も図ることができると考えるべきである。

　これを相談支援事業者の業務として任せることは、理論的に間違いではないが、相談支援が全国的に充実されるまでの間は、サービス提供事業者も利用者をよく知る地域の社会資源であることを認識して、活動すべきなのである。

第4章

計画の作成等を助ける補助的な道具の利用

第1節 補助的な道具の工夫と利用

1 基本的な道具と補助的な道具

　既定の各種書式、つまり、「相談受付表」「相談者プロフィール表」「アセスメント票」「サービス等利用計画書」「個別支援計画書」「週間支援計画表」等（以下、「基本的な道具」と呼ぶ。）を作成することを補助する帳票等を「補助的な道具」と呼ぶこととしたい。

　補助的な道具は、サービス等利用計画や個別支援計画を作成する過程での作業を円滑に行うために利用する道具である。いわば基本的な道具を作成するための「下ごしらえ」を担うものとして、「情報整理表」や「ポイント整理表」といった意味合いと目的を持つものである。

　計画立案から計画終了までには、さまざまな情報があふれている。相談支援専門員やサービス管理責任者には、効果的な情報の整理と活用が求められるが、「情報をどのように整理するのか」あるいは「ポイントをどのように確認するのか」といった手続きや方法に苦慮することが多い。そこで、補助的な道具を用いて効果的な情報の整理と活用を図ることを提案したい。

　補助的な道具は、個々の相談支援専門員やサービス管理責任者が自身にとって使い勝手の良いものでなければならない。各々にとって使いやすく、自由に利用できるものを自らが考案すべきである。つまり、補助的な道具の場合、誰でもが共通に使う「これでなければならない」といった道具ではなく、利用する者の力量や経験といった個別性に依拠するものである。「整理する情報として何を想定するか」「支援としてどのようなサービスを利用するか」などといった整理のポイントについて「こういう情報を、自分ならばこう整理する」と考えて作っていくものである。

2 補助的な道具の利用場面の例

（1）　計画をわかりやすい言葉で書くために利用する

　サービス等利用計画書や個別支援計画書は、利用者との出会い（インテーク）からアセスメントそしてサービス担当者会議や調整会議等の過程で表出する利用者の思いや意向、ニーズ、地域資源の状況

等さまざまな情報を結晶させて作成される。

　作成に至る過程では、①膨大な情報の整理を行い、②利用者の「真のニーズ（リアルニーズ）」を確定し、③活動と支援の内容を考え、④サービス提供事業者や市町村との調整を行い、⑤単純化された計画書の書式にわかりやすい言葉で具体的に書いていくといった作業を行うこととなる。

　相談支援専門員やサービス管理責任者は利用者の思いを受け止めつつ、これらの作業を進めていくのだが、なかなか納得のいくものを作成できないという悩みを抱えている状況が見受けられる。

　個別支援計画作成に関する研修会等で演習を実施してみると、事例の読み込みや、それに基づいたグループ討議等では、かなり情報を整理した議論ができ、計画も具体的に話合いが行われているようにみえる。しかし、その議論の内容を計画書に書き表すとなると、議論とは程遠い内容になることがしばしば見受けられる。

　この原因として一つ考えられるのは、単純な文書でわかりやすく具体的に書き表すこと、つまり「文書化」の難しさである。「文書化」を難しくしているのは、語彙力の不足というよりも、多くの情報を「いかに集約して書くか」といったことの難しさのようである。言葉を選んでいる間に、把握していたはずの情報が抜け落ちてしまうことにより、適切な言葉が見つからないといった状況のように思える。

　文書化は一つの能力であり、個人差がつきまとう。頭でイメージするだけでわかりやすい文書を完成させる人もいれば、走り書きのメモ紙や付箋紙をいくつも手元に置き、確認しながら完成させる人もいるだろう。ベテランの相談支援専門員やサービス管理責任者と業務に就いたばかりの人とではおのずと差がある。

　個人差が完全に解消するとは限らないまでも、何らかの工夫が必要である。そこで、情報を整理し、計画作成のポイントを確認するための整理表を作成し利用することを試してみてほしいのである。

（2）　目標達成に必要なサービスを検討するために利用する

　利用者のニーズに応じてサービスを提供する事業所等との調整では、サービス提供を望む理由や利用者の置かれている状況等を的確に伝えることが求められる。そこで相談支援専門員は、インテークの状況やアセスメントの結果を記した資料をもとに調整を行うこと

が一般的であろう。また、サービス提供事業所のサービス管理責任者が、事業所の各専門職に対して利用者の目標や意向、置かれている状況等を伝える場面では、サービス等利用計画書をはじめ利用開始前に地域で開催された、サービス担当者会議の様子等も考慮して伝えることになるであろう。

　このような場面で、把握している情報の多くを詳細に説明している時間はあまりない。また、詳しく伝えようとするあまり、さまざまな情報が交錯し、かえって聞いている側にはわかりづらいことにもなる。説明する側の責任としてはポイントを絞って、簡潔・明瞭な説明に心がけることである。こういった場面に、利用者の思い、ニーズ、ストレングス、置かれている状況等を簡潔にまとめた手持ち資料として補助的な道具を作成し、利用するものである。

（3）　個別支援計画の見直し等で利用する

　サービス管理責任者が初期の個別支援計画をつくる際には、到達目標と全体のサービス提供期間を設定する。設定した全体のサービス提供期間を俯瞰し、モニタリングと短期目標ごとのサービス内容や配慮点等を記入できる補助的な道具を作成する。

　このなかに短期目標が達成されない場合の対応（例えば、個人の力で目標達成ができない場合に、ヘルパーなどを利用する方向に変えるといった対応）を予想して記入しておくと、目標を変えずとも新たな対応を考える参考となるのである。

　つまり、計画全体の進行表として、個別支援計画を補助するために当初の個別支援計画作成と併せて作成しておくと便利なものである。

3　補助的な道具作成のイメージ

　補助的な道具を作成する際のイメージは、次の5段階で考えるとよい。

①　何に利用するためにつくるのかという目的と、目的に沿って集める情報の種類を考える。
②　考えた目的と情報の種類を書き出してみる。
③　とりあえず、表の枠取りを決め、情報の種類を示す行や列を指定する。
④　そこに具体的な利用者の情報を埋めていく。

⑤　情報を埋めていく段階で、新たに情報を分類したほうがよいと思ったときは、行や列を追加する。

　補助的な道具は、作成した本人以外の誰でもが利用する道具としてつくるものではなく、また、道具の完成度を他者から評価されるものでもない。基本的には自分だけが利用できればよいのである。まずは気軽に作成して利用してみることである。そして使いながら修正を加えていくことで、より使いやすいものに進化させていけばよいのである。

　とはいえ、具体的にどのようなものを作成するのかというイメージを持ってもらう必要があるだろうから、次節においていくつかの参考例を示し、作成した道具の目的や整理する情報等を説明する。

第2節 補助的な道具の具体例

　サービス等利用計画や個別支援計画作成の各段階に合わせてさまざまな道具が想定できる。ここでは「計画を作成すること」に着目して、サービス等利用計画と個別支援計画の双方で利用できる補助的な道具の参考例を過程ごとに説明する。

1 インテークの内容を整理する

（1） 基本的な道具との関係

　インテーク段階で利用される基本的な道具としては、「相談受付表」「相談者プロフィール表」といったものがある。これらの道具は、一般的に相談者の個人情報を管理するものとして、どこの事業所でも用意されているものであり、この段階では基本的な道具で十分であるかもしれない。しかし、既存の基本的な道具だけでは、もの足りないと感じることもしばしばあり、これを修正すべく職場内で検討したいと思うであろう。そういった場合に、基本的な道具の修正を検討する準備として、補助的な道具を作成して、利用してみることから始めるとよい。そして実際に利用して自分なりに検証し、その検証に基づいた結果をもって、基本的な道具の修正に臨むと効率的である。

（2） 補助的な道具の参考例～「インテーク内容整理表」

　インテークで把握した情報や感じた事柄は、記述式の文書で記録する方法がある。「どのようなことをどのような場面で主張しているか」「態度や様子はどうか」「同行した家族等の反応や態度はどうか」ということを思いつくままに記述して記録するものである。この記録は、インテーク場面を客観的にとらえることに有効であり、また、記録したものとして、その時どう感じたのかということの整理にもなる。

　したがって、記述による記録でも十分であるとも思えるが、文書にすることに、苦手意識を持っている人の場合等には以下のような「インテーク内容整理表」（図表4-1）という補助的な道具を利用することがあってもよいと考える。

[図表 4-1] インテーク内容整理表（参考例）

相談者：＿＿＿＿＿＿＿さん　　　　　平成　年　月　日
同席者：＿＿＿＿＿＿＿さん・なし

A 相談者の思いや主訴	
B 相談者が「したい」と表現した事柄	これに対する同席者の考えや主張
①	①
②	②
③	③
④	④
⑤	⑤
C 相談者が困っているまたは「したくない」と表現した事柄	これに対する同席者の考えや主張
①	①
②	②
③	③
④	④
⑤	⑤
D 相談者の障害の状況（わかる範囲で）	
E 相談者の様子（良い点、気になる点）	
F 同席者の様子（良い点、気になる点）	
G 確認が必要と思われること	
項　目	確認の方法（どこで、誰が、どのように）
①	
②	
③	
④	
⑤	
H 今後の面接やアセスメントの予定	

① 「インテーク内容整理表」作成の目的

　この整理表の目的は、相談者や同行した家族等の状況をインテークに臨んだ者ができる限り、率直に受け止め、自分なりに感じたことや気になる点、さらに、今後必要と思う予定を把握・確認するために作ったものである。

② 設定した項目とその意味

・項目A「相談者の思いや主訴」

　これは、インテークを通じて聞き取った、相談者の思いや主訴の中核をなすと思われるものを書き表すものである。個別支援として活動と支援の柱となる部分を簡潔に表し、作成する計画の方向を確認するために設けている。ただし、計画の方向性はこの段階では「仮説」である。計画の方向性が明確になるのは、アセスメントを経た後である。

・項目B「相談者が「したい」と表現した事柄」および「これに対する同席者の考えや主張」

　相談者が、自己の思いや主訴を明確に主張していれば問題はないが、表現力の不足や、言語的表出に制限がある場合等、伝えることに困難を伴う。また、言語表出能力は十分であっても、初めて会う見ず知らずの担当者に本音を話してくれるとは限らない。さらには、同行した家族等に遠慮している場合もある。それでは相談者の本音をどう確認するのか、ここに相談支援専門員やサービス管理責任者の苦心がある。

　インテーク場面で本音を確認できなかったとしても、情報を整理する作業のなかで本音を推測できないかという思いつきによりこのような項目を設定している。つまり、相談者が語る言葉のなかで「したい」と語尾についている言葉をできる限り書き出してみるのである。書き出して並べてみたときに、同じような意味を持つ言葉が多ければ、「本音」として推測する。逆に、全く正反対の意味に取れる「したい」が出てくれば、自信がないか、同席する家族等に遠慮している可能性があると推測する。

　また、各項目に並列して設けている、「これに対する同席者の考え方や主張」という欄は、相談者が表出したときに、同席の家族が反応して何か意見を表出した場合に記入するもので、反応がなければ空欄でよい。反応としては、相談者の表出を肯定するものと否定するものがあると思われるが、並列して表記

することで、相談者との関係性を推測することを狙っている。
- 項目C「相談者が困っているまたは「したくない」と表現した事柄」および「これに対する同席者の考えや主張」

　これは、項目Bの裏返しである。「したい」と表現することと同じように「したくない」という表現には、相談者の思いや同席する家族等への配慮や遠慮が込められている。項目Bと同じように整理して、相談者の本音や家族との関係性を推測するものである。

- 項目D「相談者の障害の状況（わかる範囲で）」

　本人の状況を押さえるための一つとして設けている項目である。

　詳しい障害状況等は、アセスメントの結果を待つ必要があるが、相談支援専門員やサービス管理責任者は障害の種類とそれによって生ずる「活動」や「社会参加」に関する制限をある程度知識として持っておかなければならない。その知識に基づいて、インテークに臨む相談者の、置かれている状況を推測し、「活動」と「支援」の課題をインテークの段階でもイメージできるようにすることが求められるのである。

- 項目E「相談者の様子（良い点、気になる点）」

　インテーク全体で受けた印象に加え、項目BおよびCで推測される相談者の状況を簡潔にまとめて書くために設けた項目である。

　一つ大切なことは、「良い点」つまり、相談者のストレングスと思われる点も必ず書くよう努めることである。サービス等利用計画と個別支援計画で設定する目標は、相談者の「活動」の目標であり、「支援」の方針と具体的な支援内容はそれを支えるサービスである。目標に向う相談者の「活動」では、その相談者が持つストレングスを有効に使うことがポイントであり、「支援」では「気になる点」をアセスメントで確認し、「支援」の必要性の有無を見極めることになる。

- 項目F「同席者の様子（良い点、気になる点）」

　同席者が、相談者のキーパーソンまたはそれに近い存在として、今後の展開上影響を及ぼす人である場合、それは相談者からみた環境要因となる。このキーパーソンとしては両親や兄弟といった家族である場合がほとんどであろう。

ここでは、項目Eで個人要因を確認したことに対する一番身近な環境要因となる両親や家族が相談者をどう認識し、これから獲得しようとする目標に対して、積極的な感情を持っているのか、あるいはその逆なのかといった点を推測するために設けた項目である。

　さて、ここで一つ考え方を整理しておきたい。それは、家族を相談者の個人要因と整理するのか、または環境要因として整理するのかという問題である。

　サービス等利用計画や個別支援計画を立てる際に、家族を相談者と一緒の存在と考えて、個人要因と考える専門職がいる。これは、地域の中で障害を持つ子どもを抱えているために、家族全体が孤立している場合があり、支援としても家族単位で考える必要があるという理由からであろう。しかし、「本人中心の計画」という考え方からは、本人の「周囲の人」という意味で、本人と家族の意向が対立することがしばしばある。孤立する家族への支援は、並行して行うとしても人格や立場は別であることから、やはり環境要因とすべきと考えたい。

　ただし、18歳以下の児童の場合は、扶養や監護の義務を親が果たすため、親の思いや意見等を尊重する必要が成人に比べて高い。それを尊重するとしても、本人の思いや意向はまず尊重されるべきである。

・項目G「確認が必要と思われること」

　項目B〜Fまでを整理したことにより、いくつか課題がみえてくる。これに基づき、次の段階であるアセスメント等で必ず確認する事項を抽出して記載するために設定した項目である。

　アセスメントによって何を確認すべきなのかということをこの段階で整理しておくことにより、アセスメントを効率良く実施するねらいがある。

　確認する事項の抽出に当たっては、書き出す前に何が本当に必要な事項かと悩まないことである。とりあえずは、思いつくままにすべて書き出してみる。そして次に書き出したものを俯瞰して眺めながら、真に必要かどうかを見極め、いらない事項を斜線で消去するといった使い方をするとよい。

・項目H「今後の面接やアセスメントの予定」

　この項目は、今後の予定を確認する意味で設定した項目であ

る。インテークとしてもう少し話を聞く必要があるときや、自宅へ訪問して確認する必要がある場合、また、次の段階としてアセスメントを始める場合もある。次に何をするのかといったことを忘れないように記載するものである。

2 アセスメント結果を整理する

(1) 基本的な道具との関係

アセスメント段階における基本的な道具は、各種アセスメントで用いるアセスメント票である。これらは、専門分野ごとにオーソライズされているものもあれば、事業所ごとに工夫してつくられたものもある。各専門職によるアセスメントが終了すると、その結果が記載された、アセスメント票がサービス管理責任者のもとに集まってくる。これら専門職ごとのアセスメント票から得た情報を整理し、例えば、利用者本人のニーズを確認できるような補助的な道具を利用する。

(2) 補助的な道具の参考例1～「ニーズ確認表」

インテーク段階で表出されたニーズは、アセスメント段階を経て明確化する。そこで「ニーズ構造」の理論[1]に基づき、リアルニーズに至る過程を簡潔に整理する補助的な道具として「ニーズ確認表」（図表4-2）を作成してみた。

実際に個別支援計画案を立てる作業に取りかかると、作成を担う者がニーズを確定することに苦労している様子がうかがわれる。的確に利用者本人のリアルニーズをとらえるために、ニーズ構造を把握できる補助的な道具が有効である。

1) 第2章第3節参照
→p45

[図表4-2] ニーズ確認表

	A デマンドまたは フェルトニード	B ノーマティブニード	C リアルニード	D ニーズを確定した 経緯
①				
②				
③				
④				
⑤				

① 「ニーズ確認表」作成の目的

　サービス等利用計画や個別支援計画を作成する段階になって、何がニーズなのかと迷ってしまうことがある。また、明らかにデマンドをニーズとしてそのまま取り上げることがある。またその逆に、ノーマティブニードのみを取り上げてしまい、利用者の思いとは違った計画になることがある。そこで、「ニーズ構造」の理論に基づき、インテークやアセスメントの段階で表出するニーズを構造的に分けて表すことにより、ニーズを明確に把握することを目的としている。

　また、行ごとに個々のニーズを指定することで、デマンドやフェルトニードからリアルニードへ変遷する経過を項目ごとに比較するような工夫をしている。

② 設定した項目とその意味

・項目A「デマンドまたはフェルトニード」

　計画作成に最も基本となる、利用者の思いを書き出すために設定した項目である。そのため、あえてデマンドとフェルトニードを分けずに一つの項目としている。大切にしたいのは、利用者が具体的にどのような言葉で表現したのかということであり、忠実にその言葉通り記載することである。補助的な道具はあくまでも計画作成者が個人的に利用するものであるから、デマンドとフェルトニードの違いを正確に分けることにこだわらず書き出すこととする。

・項目B「ノーマティブニード」

　アセスメントの結果等により、専門職からみて必要と判断したニーズを書き出すために設定した項目である。

　書き出すノーマティブニードが、項目Aのデマンドまたはフェルトニードに関連する場合は、同じ行に書くこととして、関連がない場合は、新たな行に書くようにする。これによって、フェルトニードとノーマティブニードの間の対立関係の有無を把握しようとするものである。

・項目C「リアルニード」

　フェルトニード（項目A）とノーマティブニード（項目B）の対立関係を調整することで生まれるリアルニードを記入するために設定した項目である。ここに記載した、リアルニードが計画作成上の各ニーズとなるのである。

・項目D「ニーズを確定した経緯」
　リアルニードとした経緯を記載するために設定した項目である。

　どのような調整を経てリアルニードまで導いたのかという点を押さえておくことは、計画の作成段階で、サービス提供事業者にサービスの必要性を説明したり、市町村にサービスの必要性を説明し了解をもらううえで必要となるものである。また、一度設定した目標の変更が必要になったときなどに、これまでの経過を振り返るためにも必要である。

（３）　補助的な道具の参考例２〜「アセスメント結果整理表」
　サービス等利用計画書や個別支援計画書の作成にあたっては、アセスメントの結果として集められたさまざまな情報を整理しておくことにより、簡潔でわかりやすい計画書の作成につながるものである。

[図表４-３] アセスメント結果整理表

◇＿＿＿＿＿＿＿さんの状況の整理

A 望む生活に向け活用されるストレングス	B 現在の状況	C ニーズ	
		項　目	導いた根拠
○○さん個人のストレングス	○○さん個人の状況	① ② ③ ⋮	① ② ③ ⋮
① ② ③ ⋮	① ② ③ ⋮		
○○さんを取り巻く環境のストレングス	○○さんを取り巻く環境		
① ② ③ ⋮	① ② ③ ⋮		

◇D　○○さんの望む生活（100文字以内で簡潔に書く）

ニーズやストレングス、置かれている状況等、計画遂行に利用できるものもあれば、課題として何らかの支援を必要とするものもある。こういった情報の整理の方法としては、インテークについてでも述べたように、思いつくままに文章化してみる方法もある。

　また、文章化とは別に整理表をつくり、あらかじめ情報を分類する項目を設けておく方法もある。ここで紹介する「アセスメント結果整理表」（図表4-3）はこの方法に基づき考案したものである。

① 「アセスメント結果整理表」作成の目的

　到達目標に向けて活動し、併せて必要な支援を実施するためには、集められたさまざまな情報の中身を吟味し、必要と思われる情報を抽出する作業が必要である。計画書作成に苦労する一つの要因として、この抽出作業の不十分さが考えられる。そこで、とりあえずは集めたすべての情報をこの整理表の項目ごとに分類してみる。それを俯瞰して必要な情報をチェックし、不必要な情報を斜線で消していくといった作業を行い、ポイントとなる情報を選択していくのが、この整理表の目的である。

　また、この整理表を用いて、利用者へアセスメント結果の説明を行い、到達目標の検討および設定を一緒に図っていくこともできると考えている。

② 設定した項目とその意味

・項目A「望む生活に向け活用されるストレングス」

　利用者個人が持つストレングスと利用者を取り巻く環境の中にあるストレングスを書き出すために設定した項目である。

　まず個人のストレングスを書き出してみる。続いて、環境のストレングスを書き出してみる。なお、家族がストレングスとなるときには、環境のストレングスに記入することとしたい。このうち計画として利用できるストレングスの選択および抽出は全体を記入してから行うものとする。

・項目B「現在の状況」

　ストレングスとは別に、現在置かれている状況で課題となる点を、個人と環境に分けて書き出すために設定した項目である。

　例えば、項目Aの環境のストレングスで、家族が応援していることを書いていたとする。しかし、応援と同時に過保護な面もあり、利用者の意見よりも家族の意見を優先させることがあるならば、取り巻く環境として書き表しておく。後にこれを俯

瞰してみると、利用者が家族に対して主体的な主張をするときは、誰か仲介者が必要かもしれないという予測が立てられるのである。

・項目C「ニーズ」

到達目標をはじめ計画全体の構成を立てるうえで、根拠のしっかりしたニーズを確認しておく必要がある。

そこで、インテーク段階等での利用者の意向、この整理表の項目AまたはBとして書き出したストレングスや置かれている現在の状況等から導かれたニーズを書き出すと同時に、ニーズを導いた根拠を記載するために設定した項目である。

・項目D「○○さんの望む生活」

個別支援計画の基底をなすものは、「利用者が望んでいること」である。この最も基本的なことを忘れないよう書き留めておくために設定した項目である。

アセスメントを経てさまざまな情報が集約されると、課題に目が行きがちとなり、利用者が求めているものから離れてしまう危険性がある。そこで、ぶれずに情報の選択・抽出を行い、計画作成に向かうべく、あらためてここに記載しておくものである。

3　計画書を作成する

（1）　基本的な道具との関係

この段階は、インテークからアセスメントの段階を経て実際に計画を作成する段階である。したがって、ここでの基本的な道具は、「サービス等利用計画書」または「個別支援計画書」、さらには「週間支援計画表」ということになる。

つまりこの段階で利用する補助的な道具とは、これら計画書を作成するときに何がポイントとなるかという点を明らかにするものということになる。

補助が必要と思われる点はいくつかあるが、計画が一定の期間にわたって実施されるものであることから、計画実施期間中に発生する修正や追加といった見直しに関して、あらかじめその対応案も含めて想定しておくことが望まれる。このような点を整理できる補助的な道具を考えてみたい。

（2） 補助的な道具の参考例～「活動と支援の内容整理表」

　計画は、計画の始まり（スタート）から到達目標（ゴール）までの道程を想定しながら作成する。単に本人の活動や提供するサービスを表すだけのものであれば、モニタリングごとに連続性のない計画変更をしてしまう恐れがあり、結果として到達目標が変わってしまうことになりかねない。

　ここで用意した補助的な道具は、ゴールまでを見通して予測される変更への対応も含めたうえで、計画の全体像を俯瞰するものである。

① 「活動と支援の内容整理表」作成の目的

　この整理表（図表4-4）の目的は、計画の開始から到達目標までの全期間の計画を俯瞰できるところにある。また、モニタリングの結果等から、活動や支援に変更の必要が生じた場合でも、到達目標を変えることなく計画を遂行できるような活動や支援の内容の代替えを用意できるのが特色である。

　例えば、自立訓練事業を展開する施設においては、何らかの課題を達成しようと試みたときに、個人の力を伸ばすことのみが支

［図表4-4］活動と支援の内容整理表

利用者〇〇さん　　　　　　　　　　　　　　　　　　　　　　　記入者〇〇
　　　　　　　　　　　　　　　　　　　　　　　　　　　　H〇〇年〇〇月〇〇日作成

A 到達目標：					
B 設定期間	C 短期目標	因子	D 活動と支援の内容（主）	E 活動と支援の内容（副）	F 備考
第1期		個人			
		環境			
		相互			
第2期		個人			
		環境			
		相互			
第3期		個人			
		環境			
		相互			
第4期		個人			
		環境			
		相互			

援と考える傾向がある。これは支援を受けた利用者の「出来」「不出来」によってゴールを変えてしまう結果を生む。

つまり、訓練はしたけれど本人に力が備わらなかったので、目標を下方修正するとしてしまうことであり、個別支援計画は画餅となり、結果として本人に負の体験を与え、パワレスな状態を強めてしまうことにもなるのである。

こういった危険性があることを十分に承知したうえで計画を作成するために、この整理表が有効であると考える。

② 設定した項目とその意味

・項目A「到達目標」

　まず計画の前提となる到達目標を書く。この項目に関して特段の説明はいらないと思うが、これ以下の各項目の書き出しが終わった段階で再度、到達目標を確認してもらいたい。つまり、書き出した活動や支援の内容が、到達目標へ向かうものとなっているのかという点を今一度確認してほしいのである。

・項目B「設定期間」

　到達目標までの全期間を一定の期間ごとに区切り、それぞれの期間が短期目標へ向かうための期間となり、期間ごとにモニタリングを行うということを示すために設定した項目である。

　図表4-4では4期まで区切っているが、これは例示であって、到達目標までの期間を1年と想定して、3か月ごとに区切ってみると4期間になったというほどの意味に過ぎないものである。したがって、サービス等利用計画ならば到達目標の質の違いにより、個別支援計画ならば受ける障害福祉サービスの種類により、区切る期間やその長さが各々違ってくるものである。

・項目C「短期目標」

　項目Bと連動して、各々の期間ごとの短期目標を書き出すために設定した項目である。

　短期目標の設定の仕方は、到達目標に向かうための各短期目標となるように、到達目標から逆順で設定していくものである。つまり、図表4-4の例を参考に、1年間を4期に分けるとすると、まず第4期から逆順に4→3→2→1期の順で短期目標を設定するものである。

・項目D「活動と支援の内容（主）」

　項目B・Cで設定した期間ごとの活動と支援の内容を書き出

すために、設定した項目である。

　この項目以降「因子」として、「個人」「環境」「相互」という三つの区分を設けているのは、エンパワメントの三つのモデルを参考として、活動と支援の内容もこの３因子に分けて整理を試みているからである。

　例えば、利用者本人のストレングスをもとに活動する内容や、力を伸ばす支援（訓練等）であれば、「個人」のところへ記載する。ホームヘルプサービスや趣味のサークルを探すといった内容であれば、「環境」のところへ記載する。また、相談支援事業者等に依頼して趣味のサークルへ見学に行くという調整をする内容であれば、「相互」のところへ記載するものである。

・項目E「活動と支援の内容（副）」

　最初に設定した活動と支援の内容では短期目標に達成しない場合を想定して、代替できる活動と支援の内容を補助的に書き出すために設定した項目である。

　モニタリングの結果として、短期目標に達成していないと判断すると、次期の活動と支援の内容や、短期目標を変更することとなってしまう。これでは計画全体にも影響が及び、結果として到達目標の変更、あるいは計画期間の延長という事態を招いてしまう。このような事態は、利用者の前向きな気持ちを削ぎ、望むアウトカムをあきらめることにもつながりかねない。到達目標はできる限り堅持し、活動と支援の内容を状況に応じて弾力的に運用する配慮を考えておくものである。

　また、この補助的な配慮は、モニタリングの時期を待たずに、期間途中でも修正の必要があれば行うことを想定している。

・項目F「備考」

　この項目は、活動と支援の内容で記載したものを補完するために設定した項目であり、自由に気になる点や忘れてはならない点等を記載することを想定している。

③　「活動と支援の内容整理表」の作成例

　本来、補助的な道具は、計画を作成する相談支援専門員やサービス管理責任者が個人的に利用し、基本的な道具としてのサービス等利用計画書や個別支援計画書の作成をスムーズに行うためのものである。したがって自由な発想で道具をつくり、自由に利用すればよいものである。そのため本書においては事例等を使って、

書き方の例を示すことを基本的には避けている。しかし、この内容整理表に関しては、「計画期間」という時間軸も取り込んでいることから、若干わかりづらいとも考えられる。そこで、この整理表の意味をより理解してもらうために、以下のような作成例を示すこととしたい。

◎事例の設定

　地域移行を目指す知的障害者が、「1年後に施設を出て自分らしい活動を見つけて一人暮らしをする」という到達目標を立てたとする。

　計画期間を3か月で区切り、第1期から第4期まで計4回設定する。

　それぞれの短期目標を決定するにあたり、アセスメントで確認された思いやニードを列挙してみると以下のような項目となった。

① 友達をつくり休日は好きなカラオケやショッピングに行きたい
② 陶芸をしたい
③ アパート探し
④ 家事の確立
⑤ 金銭管理
⑥ 買い物の仕方
⑦ アパート周辺の環境認知と移動手段の確保
⑧ 在宅支援サービスの確保

◎短期目標の設定

　この八つの項目を各期間に振り分けることを検討しながら、短期目標を設定する。

　まず、到達目標と同時期となる短期目標、つまり第4期の短期目標を設定し、そこから逆順に第1期まで設定する。

　第4期は最終の期間なので、住むアパートが決まり、そこを起点として生活を組み立てる時期である。そこで短期目標は、上記八つの項目から主に②、⑦、⑧の項目を達成するために、「アパートで生活するために必要な場所を覚え、そこに行けるようになる」と設定した。

第3期では住まいの確保のため、主に③の項目を達成する目標として「アパートを探す」という設定をした。

　第2期では一人暮らしを実現するにあたり、介助を受けずに自分で行う行為と、介助を受ける行為を確認することを考慮して、主に④、⑤、⑥の項目から、「自分でできることを確認する」という短期目標を設定した。これに加え、①の項目の解決に向け、当事者グループやサークルを探すために、「当事者グループやサークルを探す」という目標も同時に設定した。

　第1期では一人暮らしに必要となる家事や買い物、金銭管理といった④、⑤、⑥の各項目について、自身の力を伸ばすことを考慮して、「自分でできることを増やす」という短期目標を設定した。

　アセスメントの結果から訓練に6か月必要とされていた。したがって、第1期の期間では足りないものもあると推測される。しかし、第2期の短期目標を、「自分でできることを確認する」としていることでわかるように、訓練期間としては、6か月としたうえで最初の3か月は、「とにかく訓練をして様子をみる」と考えておけばよいのである。

◎各期間の短期目標に沿って活動と支援の内容を決定する

　各期間の短期目標に従って、活動と支援の内容や配慮すべき事柄等を書き出してみたのが図表4-5である。

　この記載例に示された内容に関する主な点について若干説明を加えることとする。

　第1期では、利用者の力を伸ばすことが目標となっていることから、「個人」の因子のところに、調理、清掃、洗濯動作の獲得訓練が書き出されている。また、備考欄には、個別支援計画とは別に、それぞれの動作訓練に訓練計画が必要であることを忘れないよう記載している。

　第2期の個人の因子の欄に、「①第1期に引き続き訓練を続行」と記載している。これに対して、環境の因子の欄の「活動と支援の内容（副）」の項目に、「①に関して居宅介護を検討し市町村と調整する」と書き出している。これは第1期に引き続き実施される訓練の状況から、介助支援を導入したほうがよいと判断する場合を想定して示している。介護支援は第三者から

［図表4-5］活動と支援の内容整理表の記載例

到達目標：1年後に施設を出て自分らしい活動を見つけて一人暮らしをする。					
設定期間	短期目標	因子	活動と支援の内容（主）	活動と支援の内容（副）	備考
第1期	自分でできることを増やす	個人	調理、清掃、洗濯動作獲得の訓練を実施		別途訓練計画を作成する
		環境			
		相互			
第2期	自分でできることを確認する 当事者グループやサークルを探す	個人	①第1期に引続き訓練を続行	①に関して居宅介護を検討し市町村と調整する	
		環境	②当事者グループを探す	②に関してボランティアを探す。あるいは障害福祉サービス以外の類似サービスを探す	
		相互	③当事者グループに見学に行く		
第3期	アパートを探す	個人	①不動産屋へ行ってみる		本人のみで行けない場合は職員が同行する
		環境	②公営住宅の申し込みをする	①に関して近隣の町も探す	
		相互			
第4期	アパートで生活するために必要な場所を覚え、そこに行けるようになる	個人	①コンビニやスーパー、銀行、カラオケボックスへの行き方を覚えるほかにアパート周辺にはどんな店や建物があるのか覚える		①〜③に関して職員が環境認知を行いながら場所を覚えて一人で移動できるか確認する
		環境	②陶芸サークルを探す	①〜③に関して一人で移動や買い物ができない場合は、移動支援の利用を調整する	
		相互	③陶芸サークルへ見学に行く		

の支援となることから、環境の因子の欄に記載しているのである。

　第3期で備考欄に「本人のみで行けない場合は職員が同行する」と記載しているのは、「不動産屋へ行ってみる」という個人の活動に手助けが必要な場合での配慮を記載している。

第3節 補助的な道具の利用に関する配慮事項等

　これまでにも説明したように補助的な道具は、相談支援専門員やサービス管理責任者が計画の作成・実行過程において、利用するものである。さまざまな情報の整理や計画内容を検討するうえで役に立つものであるが、公式な書式である計画書とは違い、非公式なものである。計画作成者が自分として使いやすいものを自ら考案することを前提としている。

　したがってその使い方も自由であり、道具の完成度も自分にとって良ければそれでよいのである。これが補助的な道具の基本である。この基本にしたがって、利用上の配慮事項を述べることとしたい。

1 第三者が作成した補助的な道具の扱いについて

　本書で示したもの以外にも、相談支援やサービス管理に関する各種研修会や、関連書籍等で補助的な道具と考えられるものが登場するが、これらを利用するには慎重さが求められる。

　補助的な道具には、第1節3で示したような作成に至る段階があり、さまざまに思案しながら作成するので、作成の意図を理解しておく必要がある。

　作成者から道具の作成意図や利用方法の説明を十分受けるべきであり、さらには利用のための演習等も実施してもらうとよい。

　作成意図が理解できれば、その補助的な道具を自分なりに進化させるアイデアも浮かんでくる。これを起点として、自分なりに補助的な道具の作成を試みてほしいところである。

2 職場の仲間と一緒に作成する

　一人で作成することに自信がない場合や、それぞれの事業所でサービス等利用計画や個別支援計画作成技能を高めようと考える場合に、仲間同士で補助的な道具を作成してみるとよい。

　補助的な道具よりも、計画書の書式そのものを考案したほうが手っ取り早いと考える向きもあるかもしれないが、計画書は公式な書式である。どうしても慎重に作成せざるを得ないのである。それに対して補助的な道具は非公式な存在なので、さまざまな角度から

自由な発想で検討することができる。いろいろな意見を出し合いながら作成する過程を職員同士が共有すること自体、良い研修となると考えるのである。

3 経験の浅い相談支援専門員やサービス管理責任者の研修として利用する

　経験の浅い人にとって計画書を作成することは大変困難な課題である。何を情報として、どのように集めてよいのかわからないというところから始まる場合もあるかもしれない。このような人に、いきなり計画書の作成を委ねることは失敗を前提としているといっても過言ではない。作成を依頼する利用者にとっては不利益につながることでもある。

　そこで、まず上司や先輩が作成した補助的な道具を使い、これらの人に情報整理等の作業をさせる。作業は当然不十分であろうし、的外れとなるであろう。しかし、作業の結果をもとに、重要な点の把握度合いやその整理状況等をフィードバックするような演習を行うことができれば、計画作成に関するポイントの理解を確かにしていくと考える次第である。

第5章

個別支援計画を作成する際に必要な専門性

第1節 ソーシャルワーク実践としての個別支援計画

　これまで、サービス等利用計画と個別支援計画による支援（以下、計画による支援）について述べてきたが、計画を作成し、それに基づいて支援することは「手段」であって「目的」ではない。第1章第3節では、計画による支援の目的を本人の「望むアウトカム」の実現としているが、そもそも計画による支援が社会福祉領域における支援すなわちソーシャルワーク実践である以上、ソーシャルワークの専門性、ソーシャルワークの価値を踏まえた実践でなければならない。

　国際ソーシャルワーカー連盟（International Federation of Social Workers：IFSW）によるソーシャルワークの定義には、その冒頭に「ソーシャルワーク専門職は、人間の福利（ウェルビーイング：well-being）の増進を目指して…」とあり、ソーシャルワークの目的がwell-beingの増進にあるとしている。また、ソーシャルワークの新しい定義「ソーシャルワークのグローバル定義」でも「ソーシャルワークは、（中略）ウェルビーイング（well-being）を高めるために」と、ソーシャルワークの目的がwell-beingの向上にあることを明記している。

　ここで、beingには「存在すること」や「生きること」という意味があり、well-beingとは「良く生きること」「良く生活すること」と理解することができる。つまり、ソーシャルワークとは、ソーシャルワーカーの働きによって、福祉サービスの利用者が良く生活できるようになることであり、その意味で、ソーシャルワークとは「生活の支援」であり、ソーシャルワーカーは「生活を支援する専門職」であるということができる。

　本節では、ソーシャルワークの対象である「生活」について、その特徴を整理することにより、ソーシャルワークという視点から従来の障害者支援を検討し、計画による支援に不可欠な要素について考えていきたい。

1 個人と環境と相互作用

　生活とは、個人・環境・相互作用によって構成される。人が「生

1）　ソーシャルワークは、狭義には相談援助を指し、広義には社会福祉援助全般を指す。本書では、広義の意味でソーシャルワークという言葉を使用する。

2）　国際ソーシャルワーカー連盟によるソーシャルワークの定義は、日本社会福祉士会の倫理綱領にも引用されている。

3）　日本語訳は、日本社会福祉教育学校連盟・社会福祉専門職団体協議会による。

活している」というとき、それは個人のみによって営まれるわけではなく、そこには人や物、制度や情報といった環境が存在する。そして、個人と環境が存在すれば、そこにはプラスやマイナス、大小の差はあっても必ず相互作用が働いている。環境の中には、例えば何かがないという状態も「○○がない環境」という意味で含まれ、また相互作用の中には、例えば個人が環境を認識していないという状態も「認識していない（されていない）」という意味で含まれる。

　ここで、個人とは、計画による支援における「本人」にあたるが、生活している個人であれば、個人の周囲には、家族や近隣、知人、関係者といった人的環境、住まいや立地、所有物、財産といった物理的環境、都道府県や市町村による独自のものも含む制度やサービスといった制度的環境、個人が利用可能な情報といった情報環境などが必ず存在する。そして、そこには必ず相互作用が働いているのであるが、しかし、これまでの障害者支援は、個人に偏って焦点をあててきたと考えられる。

　例えば、自閉症スペクトラム障害のある個人が、奇声を発するという「問題行動」があるとする。もしもその「問題行動」が、十分に整えられた一定の環境でランダムに生じるとすれば、それは個人に起因する部分が大きい可能性が高いかもしれない。しかし、その「問題行動」が生活のなかで生じるとき、どのような場面、環境で生じるのかを精査すると、出発を急かされたとき、こだわり行動の対象が眼前にあるのに触れるのを禁止されたとき、騒がしく雑然とした町中に連れ出されたときといった特定の環境条件や環境からの影響が大きいと判明することは往々にして起こる。個人だけに焦点をあてれば「問題行動」となるが、環境や相互作用に焦点をあてれば「問題環境」という見方もできるのである。

　計画による支援においては、直接支援の現場では本人すなわち個人とかかわることが多くなるが、ソーシャルワークの対象が生活である以上、計画の策定から計画に基づく支援、モニタリング、終結に至るすべてのプロセスにおいて、個人に偏ることなく、また、必要に応じてではなく、最初から最後まで常に個人・環境・相互作用に焦点をあてなければならない。ソーシャルワーカーは、生活を支援する専門職だからである。

2 豊かさを求める部分

　生活とは、生きるために最低限必要な部分と自分らしさや豊かさを求める部分の二つに大きく分類される。前者には、最低限の水分補給や栄養補給のための食事、体温を調節するための衣服や衛生を保つための入浴（清拭）などが含まれ「being（生きること）の部分」と言い換えることができ、後者には、好みの飲み物や家族、仲間との楽しい食事、好きなブランドの衣服や装飾品、毎日の入浴や仲間との温泉旅行、趣味の活動などが含まれ「well-being（良く生活すること）の部分」と言い換えることができる。先にも述べたように、ソーシャルワークの目的はwell-beingの向上であるが、しかし、これまでの障害者支援は、beingの部分に偏って焦点をあててきたと考えられる。

　もちろんbeingの部分に対する支援は非常に重要である。beingの部分が不安定になれば、well-beingの向上どころではなく、生活の基盤が揺らいでしまうこともある。また、例えば常時医療的ケアを必要とする重症心身障害のある人の場合などは、安全、安心、安定した生活を維持する部分に必要な支援の割合は高くなることも考えられる。しかし、ソーシャルワークの目的はwell-beingの向上であり、（他の専門職でなく）ソーシャルワーカーには、安心、安全、安定の上に何を積むかということ、つまりwell-beingへの支援こそが求められているのである（図表5-1）。

　また、障害のある人のwell-beingについては、種類や内容は異なっても、障害のない人と同じ水準で考えられなければならない。筆者は、某市において障害福祉計画の策定委員を務めているが、移動支援の目標値に関する議論の際、障害のある子を持つ母親である市民委員が「障害のない市民も月4回以上の外出を禁止するのであれば、

[図表5-1] well-beingへの支援

出典：小島美都子ほか編著『障害者福祉概論』学文社、122頁、1999. をもとに作成。

この数値目標で納得する」と発言したのが印象的であった。障害があってもなくても、一度しかない人生をより良く生きたいという思いは同じである。ソーシャルワーカーは、well-beingの部分に焦点をあて、それを向上するために努力し続けなければならないのである。

3 個別性が前提

生活とは、人それぞれであり、特にソーシャルワークが焦点をあてるべきwell-beingの部分においては個別性が顕著となる。例えば、生きるために最低限必要な（beingの部分で）水分補給が十分でなく喉が渇いている人は、水分であれば何でも欲するかもしれない。しかし、特に喉が渇いていない人であれば、コーヒーや紅茶、オレンジジュース、またホットやアイスなど、自分の好みを言いたくなるかもしれない。つまり、beingの部分においては個別性が表れにくく、well-beingの部分においては個別性が表れやすい。それゆえ、well-beingの部分においては自己決定や自己選択の余地が出てくる。しかし、これまでの障害者支援は、beingの部分に偏って焦点をあてるあまり、本人の個別性や自己決定を軽視する、あるいはさほど重視する必要がなかったと考えられる。

本書がテーマとしている計画による支援において、障害状況の似ている別々の利用者について「同じような計画になってしまう」ということが課題となる場合がある。相談支援専門員やサービス管理責任者研修等の計画作成演習において、講師から「誰の計画かわからない」「名前を差し替えれば別の利用者にも通用する」という指摘を受ける計画も同じ類であろう。そのような場合、計画による支援がwell-beingの向上を目的としたソーシャルワーク実践ではなく、単にbeingの部分を対象としたケア（ケアワークではなく「単なる世話」という意味）に終始してしまっている可能性がある。ソーシャルワークはwell-beingの部分を含む生活の援助であり、そこには必ず個別性が前提となることを忘れてはならない。

また、自己決定については、本書でもエンパワメントについて触れているが、慎重に吟味、精査しなければならない課題がいくつもあると考えられる。紙面の都合ですべてについて検討することはできないが、支援者の姿勢（ソーシャルワーク実践では専門職としての価値観）にかかわる重要な課題を一つだけあげておきたい。筆者

の友人に居宅介護事業所の所長がいるのだが、いつも彼は利用者の自己決定について非常に真摯に向き合おうとしている。例えば彼は、「利用者に三つや四つの飲み物を提示して選んでもらい、よく恥ずかしげもなく、利用者の自己決定を尊重しているといえる」と言う。誰よりも自分に厳しい彼の言葉に耳を傾けざるを得ないのだが、つまり彼は、十分なことができていると思わずに、常に「本当の自己決定」を目指して支援の質を向上し続けなければならないといっているのだと思われる。障害のない人は、自動販売機に飲みたいものがなければ、少し歩いて次の自動販売機を探すことがある。大型スーパーにあるすべての飲み物からいつも選んでもらうことができなくても、より自己決定を尊重する努力を私たちはやめるわけにはいかないのである。

4　場面の総合体

　生活は、いくつかの場面に分かれているが、その総合体として成り立っている。確かに生活は、仕事や学校といった日中活動、家族との時間や家事といった家庭生活、趣味の活動や友人・知人との時間といった地域生活等に（もちろん分類の仕方はさまざまであるが）分類することができる。しかし、それらは個々別々に独立しているのではなく、生活している一人の個人にとっては、それぞれに影響し合いながら一つの総合体として存在している。例えば、良し悪しは別として、仕事が忙しいときには家族との時間が少なくなることや、気力・体力的にも趣味を楽しむ余裕がなくなることは往々にして起こり、逆に、友人との時間を楽しむことによって明日の仕事への活力を得ることもある。多くの場合、私たちは、自分でそれ（総合体としての生活）をコントロールしている。しかし、障害のある人たちの生活は「支援」の影響を受けやすい。これまでの障害者支援は、障害のある人の生活を支援によって分断してきたと考えられる。

　例えば、日中活動の支援を提供する事業所は、家庭での状況や週末の余暇活動について十分に気にかけて[4]当該事業のなかで具体的な実践をしているだろうか。もし自らの支援に没頭して他の生活場面を想定していないとすれば、まずは障害のある人の生活は支援の影響を受けやすいこと、そしてその一角を専門職として担っていることを自覚し、支援によって障害者の生活を分断しない努力をすべき

4）京都府介護・福祉サービス第三者評価等支援機構で使用している「福祉サービス第三者評価受診の手引き」では「気にかけている」という表現で、事業所の直接担当する支援項目を評価する指標を用いている。

である。その意味では、旧来の入所施設が利用者の生活をすべて抱えていた状況では、十分に自覚していたかは別として、少なくとも支援による分断は起こりにくかったかもしれない。しかし、そのような「一施設丸抱えの支援」が正しくないことは明らかであろう。また、前述の「本当の自己決定」という文脈で本人ニーズに基づく支援を目指すのであれば、どんなに大規模な法人・事業所であっても、あらかじめすべてのニーズに対応するプログラムを準備することは不可能であるため、他の社会資源との連携は本人ニーズに基づく支援の前提といっても過言ではない。

　計画による支援は、事業所間の連携を前提とし、支援による生活の分断を是正する意味があると考えられる。しかし、当初国が示したプロセス図では、相談支援事業所とサービス提供事業所の連携において不十分な点が見受けられる。計画による支援へのサービス提供事業所の関与が、サービス等利用計画案の作成後に設定されている点である。筆者が講師統括を務める京都府サービス管理責任者等研修においては、従来「利用者の生活全般とニーズを理解しなければ事業所は適切な支援ができない」という方針で研修をつくってきた経緯から、本書共著者の谷口氏（相談支援従事者研修講師統括）とも相談し、行政の了解も得ながら、相談支援事業所とサービス提供事業所がケース開始当初から協働するモデル（図表5-2）を両研修で取り入れている。確かに、他法人や他事業所との連携には課

5）筆者が講師統括に就いたのは2012年度からであるが、初回の講師会議で従来の方針を確認し、国の示したプロセス図を修正した。

図表5-2　指定特定相談支援事業者（計画作成担当）と障害福祉サービス事業者の関係

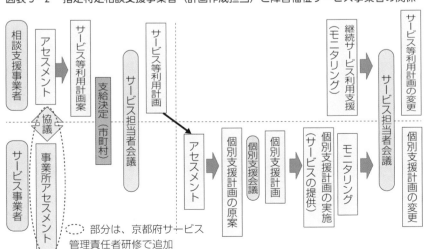

出典：京都府サービス管理責任者等研修講義資料（厚生労働省資料をもとに作成）

題が多いことも現実であるが、利用者にとって総合体として存在している生活を支援によって分断しないために支援者は一歩を踏み出すべきである。

5 不得意よりも得意や強み

　生活や人生は、不得意を補うよりも得意を活かして営まれる。できないことを人並みに近づける努力をしないわけではないが、むしろ生き生きと、やりがいを持って取り組むのは、できることや好きなことを伸ばす努力であり、それらを頼りに人生の計画を組み立てていく。例えば、他者よりも英語が不得意な高校生はみな大学の英文科への進学を目指す…とはならないのである。しかし、これまでの障害者支援は、障害のある人の不得意な部分にばかり注目してこなかっただろうか。そして、思い切って言ってしまえば、もし健常者のレベルに障害者を近づけようとしてきたならば、それは、障害者は健常者よりも下の存在であることを前提にしているという意味で明らかに障害者差別であるといえる。

　ただし、得意な分野に取り組むか不得意な分野に取り組むかは本人の自己決定に委ねられるべきである。私事で恐縮だが、高校時代の私は物理と数学が得意で、逆に社会と国語が不得意であった。しかし、私は大学の文学部社会学科に進学した。理由は単純で、希望の進路が社会福祉分野だったからである。しかし、これまでの障害者支援においては、本人の希望よりも本人のできることが優先されることが少なくなかったのではないだろうか。知的障害のある私の友人は、周囲の人たちから再三グループホームの体験利用を勧められて悩んでいる。彼は、なるべく長く両親と生活することを望んでいるにもかかわらず、グループホームで生活できるほど知的障害が軽度だからである。また、別の知人はパソコンでのデータ入力ができるのであるが、そのスキルを訓練し一般企業に就職して3か月で出社拒否になって退職してしまった。彼のやりたい仕事は、大きな声を出し、体を動かし汗を流して働く仕事だったからである。

　つまり、生活は不得意よりも得意や強み（strength：ストレングス）を活かして営まれるというテーマは、障害者支援が不得意な部分に注目してきたという前提に立てば、実は2段階の改善が求められることになる。第1段階は得意や強みに注目するという課題であり、そのうえで第2段階は得意や強みよりも本人の望む生活、本人の自

己決定が優先されるという課題である。ソーシャルワーク実践では、何よりも本人の自己決定が優先されなければならない。生活は、そもそも本人のものだからであり、そこに「計画は本人のもの」という根拠があるのである。

　これまで、ソーシャルワークという視点から従来の障害者支援を検討してきた。しかし、本節で述べてきたことは、大半が、特に障害者支援に限ったテーマではなく、ソーシャルワークは生活の支援であり、ソーシャルワーカーは生活を支援する専門職であるという観点から、本来「生活」とはどのようなものであるかということを検討してきた。もちろん、障害のある人の生活には、それ特有の環境や課題が存在する。しかしながら、障害のある人も（ない人も）一度しかないかけがえのない人生を生きている一人であり、それが大前提でなければならない。そして、われわれが生活を支援する専門職すなわちソーシャルワーカーであるのなら、利用者のwell-beingの向上のために努力せずにはいられないのである。

第2節 支援計画作成者に求められるスキル

　サービス等利用計画や個別支援計画を作成する専門職には、どのような能力が必要で、どのようなスキル（技能）を持たなければならないのであろうか。「支援計画」を作成するものにとって、身につけなければならない能力や技能は、図表5-3で示したとおりである。

　図表5-3にある三領域にカテゴライズされたスキルは、支援計画を作成していく者にとって、いずれも欠くことのできない技能といえる。この三領域を詳しく説明すると、次のようになる。

1 事務能力を中心とした「テクニカル・スキル」

　まず、三角形の上部に位置づけているのがテクニカル・スキルである。テクニカル・スキルは、図表5-3に実務的業務遂行能力とあるように、事務能力と表現することができる。具体的にいうと、ケース記録を書いたり、支援計画を実務的に作成したりする能力といえる。

　また、同図表に「1．実務を遂行するために必要な知識・技能」

［図表5-3］支援計画作成者に求められるスキルとキャリア開発

```
                  テクニカル・スキル          実務的
                  1．実務を遂行するために必要な  業務遂行能力
                     知識・技能
                  2．固有の専門性や組織性に関す
                     る知識・技能
   対人関係能力    →確実な職務の遂行           概念化
                     課題解決の能力            総合判断力

   ヒューマン・スキル             コンセプチュアル・スキル
   1．コミュニケーション能力      ★概念化や総合判断能力
   2．対人影響力                  1．物事の全体像を見通す
   3．折衝能力                    2．全体の最適化を図る
                                  3．効果的な意思決定を下す
   →「対人関係能力」の全般と      →人や集団のマネジメントには重
     「円滑な意思疎通」を図る能力    要なスキル

   面接・ケア会議・ネットワークに必須    見通す力
```

（鎧本智昭作成・谷口加筆）

とあるように、規定された様式に必要事項を書き入れるばかりではなく、それを迅速で正確に実行することを期待される。さらに、「2．固有の専門性や組織性に関する知識・技能」とあるように、自分自身が所属する事業所・支援施設で必要とされる知識や個々の組織が持つ固有の性質などを理解し、必要な知識や技能を身につけておくことも期待されている。

　記録方法や計画作成に代表される実務教育は、大学や専門学校の教育において十分に時間をとっていない項目であり、現場実習の際に学ぶ機会が多いようである。十分な教育・指導を受けていない新卒者は、社会福祉士や介護福祉士の資格は有していても、実務経験が乏しく、即戦力になり得ないのが現状である。そうなると、実践現場における教育・指導が大きな役割を果たさなければならないのだが、現場の状況を鑑みると、スーパービジョンができ得る人材が希薄な環境にある。

　記録方法を学ぶことは、非常に大切なことである。記録を書き始める頃は、目新しさもあり、多くのコメントを書くことが通例である。それが1週間も過ぎると、書くことも見つからなくなり、ついには「異常なし」や「特記事項なし」という言葉が増加してくる。そして、最後は、「熱発」とか「下痢」というような身体的な異変が起きたときだけ、記録に残すことが重要のように思えてくる。ケース記録は、障害のある利用者の「生き様」を描くようなものだと思っている。健常者といわれる人たちは、何らかの形で自分の「生き様」を残していると思われる。それに比べて、障害のある人たち（特に重度障害のある人たち）は、自分で自分の記録を残せない場合が多い。このような理由から、支援計画を作成しようとする専門職は、その利用者の「生き様」を記録し、その「生き様」に沿った形での的確な目標設定を心がけ、自己実現へ向かう支援を続けることが重要である。障害のある人たちへの生活支援とは、その人の人生を支援していくことだと認識する必要がある。

2　コミュニケーション能力を中心とした「ヒューマン・スキル」

　次に、三角形の左下部にあるのがヒューマン・スキルである。ヒューマン・スキルは、図表5-3に対人関係能力とあるように、人と人との関係性をつくり出すためのコミュニケーション能力といえる。あるいは、「対人関係能力」の全般と「円滑な意思疎通」を

図る能力であると表現されている。

　また、同図表に「1．コミュニケーション能力」とあるように、支援者である自分と利用者との会話、利用者の家族との会話、専門職同士の会話などにおいて、個々の相手に対応した形で意思疎通ができているのかをみる能力である。「言葉での会話（バーバル・コミュニケーション）」は、キャッチボールにたとえられる。キャッチボールを成立させるには、相手にボールを受けてもらえなければ、ボールを投げ返してもらえない。こんな単純な話なのである。「利用者が発言しない」という言葉を支援者から聞かされることがよくある。利用者が発言しない理由を考えたときに、彼らが発言する内容を考えていないこともあるが、支援者が彼らの届く範囲にボールを投げていないことも考えられる。利用者を始めとする「相手の目線に合わせた会話」を心がけなければ、コミュニケーションは成立しない。

　さらに、「2．対人影響力」とあるように、自分は利用者や家族に対して、大きな影響力を持つ専門職であることを自覚しておかなければならない。自分が他者に対して、どの程度の影響力を持っているのかを知ることは難しい。しかしながら、専門職として支援業務に就いている者は、自分の影響力を自覚し、それをコントロールできるようになる必要がある。利用者の自己決定を歪めたり、支援者本位の目標を設定したにもかかわらず、利用者自身が決めたようにしてしまう脅迫にも似た影響力の使い方は、誤りであることを自覚しておく必要がある。

　最後に、「3．折衝能力」とあるように、複数の事業所によるサービスを必要とする利用者を支援していく場合に、すべての支援者が円滑にサービス提供できるように、さまざまな戦略を用いて調整する能力が必要とされる。また「折衝」とは、英語ではネゴシエーション（negotiation）といわれるが、日本語では調整（coordination）といいかえたほうがわかりやすいかもしれない。しかし、「折衝」という言葉は、もともと戦いの場で優位な立場に立てるように、事前に外交などの手段により、お膳立てをしておくことを意味している。要するに、他の専門職や関係機関に対して、自分が担当する利用者が困ることなく、心地良くサービスが受けられるように「根回し」をする能力であるといえる。

　この能力で、量的に限られた有効なサービスを受ける際に、自分が持つ利用者の優先順位が上がるよう働きかけるのは、支援者とし

て当たり前の姿である。単純に考えると、利己的な思考ととらえられるかもしれないが、このような考えを持って、多くの支援者が活動すると切磋琢磨という状況が生まれ、全体的な質的向上へと進むと考えられる。また、このような能力は、個別支援会議やサービス調整会議の際に必要とされるばかりではなく、障害のある人たちを地域社会で支えるという観点で組織化されている「地域協議会」においても、支援者は折衝能力を発揮しなければならない。

以上がヒューマン・スキルの全容であるが、対人関係技術の基本は、コミュニケーションを円滑に進めていくことである。他者と話すことが苦手と思っている人は、コミュニケーション能力が高い人の話し方を真似るところから始めるのも良い方法である。

3 将来を見通し、概念化する能力を中心とした「コンセプチュアル・スキル」

三角形の右下部に位置するのが、コンセプチュアル・スキルである。コンセプチュアル・スキルは、図表5-3に概念化、総合判断力とあるように、将来を見据えて、計画を立案したり、支援ネットワークを組み立てたりする能力といえる。

また、同図表に、「1．物事の全体像を見通す」とあるように、障害者ケアマネジメントにおいて、よくいわれることであるが、障害のある個人に対して「障害」という部分的なもののみに着目するのではなく、利用者を全人間的にとらえ、社会で生きている人間として、その社会性や関係性を考慮したうえで、支援サービスを構成していくことを考えなければならない。「木を見て、森を見ず」という言葉が示すように、ついつい細かいことに気持ちが偏ってしまい、全体像を見失うことがある。森林の中に埋没してしまうと、森全体がどのような形をしていたかも忘れてしまい、目の前に立っている枯れかけた木立のみが気になる。このようになると、遠い目標が見えなくなるのは当然である。

次に、「2．全体の最適化を図る」とあるように、日中活動の場や居宅介護事業所が複数存在したときに、利用者が目標に向かって生活を営んでおり、その意思に追随する形でサービス提供が実行されるべきであり、その流れを最適化していくように努めなければならない。現在は、相談支援専門員がサービス等利用計画を作成し、利用者が市町村から支給決定を受け、契約している日中活動事業所で個別支援計画が作成され、具体的なサービス提供が実施されるこ

とになる。もちろん、居宅介護サービス事業所（ヘルパー事業所）では「個別支援計画」を作成しなければならないという制約はないが、利用者を取り巻くサービス提供者の意向が同一方向にないとさまざまな面で支障が出ると考えられる。相談支援専門員は、モニタリングを通して、サービス提供の方向性に誤りがないかを点検し、最適化を図らなければならない。また、サービス管理責任者も、自分の事業所で提供しているサービスが、利用者の目標到達への手助けになっているかを常に点検し、最適化に努める必要がある。

　さらに、「3．効果的な意思決定を下す」とあるように、利用者の意思決定が最優先されなければならないことに疑問の余地もないが、すべての場面において利用者が最善の決定をするとも限らないととらえると、利用者との協議を通して意思決定を支援していくこともあり得る。ニーズの理解に関しては先にも述べているが、利用者本人が持つフェルトニードと支援者のノーマティブニードがぶつかり合い、より深い理解へと進み、リアルニードを生み出していく。重度知的障害のある人たちや社会経験が希薄な身体障害のある人たちには、社会経験の豊富な支援者が意思決定を支援する必要性が増す。特に、自らの意思を表現することが困難である重度心身障害のある人たちに対しては、利用者の両親による意思決定が最優先されるが、相談支援専門員やサービス管理責任者は専門職としてのプライドを持って、意思決定支援に参加するべきである。最近の支援者は「本人が決めたことですから」という言葉を楯にして、本人が不利益を受け失敗することが明白であっても、自己決定を優先させることがある。この行為は自らの専門性を否定するものであり、的確な支援とはいい難いと思っている。

　なお、このスキルを総称して「見通す力」とされている。サービス等利用計画や個別支援計画を作成する専門職にある者は、利用者が1年後に到達するポイントを予測し、計画に反映させなければならない。そして、それを通過地点として、最終目標を何年後に到達するかを計算し、そのポイントも利用者や支援者と共有する必要がある。この時に見通さなければならないのは利用者の能力や力量だけではなく、家族の協力体制や周りの支援者が持つ能力や技術も客観的に分析しておかなければならない。そして、利用者が自己実現へ向かうことに非協力的であったり、負の作用を導いてしまったりするような環境が存在するならば、その要因を取り去ることも重要

な判断能力といえる。

　以上のように、三角形に示した「三つのスキル」をバランス良く持ち合わせている者が、支援計画の優秀な作成者であるといえる。このように三つのスキルを理解すると、自分に足りないスキルが何であるのかを認識することができるようになる。また、不足している能力が認知できたならば、その部分を強化するトレーニングや学習を続けていくこともできる。これらのトレーニングや学習に対して、最も有効であると思われるものに「OJT（on the job training）」がある。相談支援事業所は、全国的にみて、一人職場であることが多く、特に計画相談支援を行う指定特定相談支援事業所においては、一人の相談支援専門員が孤軍奮闘している姿を思い浮かべることができる。日中活動の場で勤務するサービス管理責任者は、数名の部下を持っており、スーパーバイザー的な役割も期待されている場合が多い。地域支援ネットワークへ積極的に参加している事業所ならば、サービス調整会議や協議会の場で困難ケースを共有するだけでも、重要な学びの機会を持っているといえる。しかしながら、旧態依然とした自己完結型の事業所で、閉鎖的な環境での勤務を余儀なくされているサービス管理責任者は、OJTの機会さえ与えられないし、必要性に気づかないままで月日が過ぎていく。

　専門職として、能力や技術は新しいものを学び、取り入れることを常に意識しておく必要がある。この意識は、専門職としてのプライドを高めていくばかりではなく、自分が担当する利用者の幸福に直結するものであることを忘れてはならない。自分を高めていくことが、障害のある多数の人たちを幸福にするという自覚を持ってほしい。

第 6 章

個別支援計画に関するQ＆A

本章のQ&Aについて

　全国障害者総合福祉センター戸山サンライズでは、本書の筆者らが講師を務め、平成21年度より「『個別支援計画』作成および運用に関する研修会」（2日間）を実施している。平成25年度末の時点で計14回の研修会を実施したが、毎回70名の定員を大幅に上回る受講希望者（トータルでは定員の3倍強）がおり、延べ1300人以上の修了者を出している。受講者の所属は、障害福祉サービス事業所や相談支援事業所、障害者支援施設、居宅介護事業所、また、職種は、相談支援専門員や生活支援員、サービス管理責任者など多岐にわたる。平成23年度からは、後半の演習においてサービス等利用計画作成と個別支援計画作成の両方を扱うことにしている（プログラムについては、巻末を参照）。

　この研修会に受講希望者が絶えない状況から、また、受講者から現場の状況を聞くにつけ、サービス等利用計画および個別支援計画による支援について苦慮している障害者福祉現場の現状を痛感する。そして、それが本書を作成する大きな動機づけともなっている。

　本章で扱うQ&Aについては、この研修会に参加する受講者から提出を求めた事前アンケート、また修了者等を対象に実施した調査（「平成21年度 効果的な個別支援計画作成の普及事業」「平成22年度 個別支援計画の人材育成についての調査研究事業」日本障害者リハビリテーション協会）をもとに質問内容を作成した。ここに取り上げた質問はごく一部であり、また回答は「正解」というより「参考」といった意味合いが強いが、可能な限り「視点の提供」や「考え方の提案」を含めたので、前章までの内容と合わせて参考にしてもらえれば幸いである。

カテゴリー **1**
アセスメントがうまくできない

●ストレングスってどういうこと？

「利用者本人のストレングスが大切」とよくいわれますが、アセスメント段階においてポイントとなる視点を教えてください。

「ストレングス」は、「力、強さ（強み）、長所」などと訳されます。計画作成における初期段階（アセスメント段階）において、支援者は、利用者の不足や「できないこと」を掘り起こし、整理するという意識が働き、「解決すべき課題」としてマイナス面に焦点をあてがちになります。しかし、特に初期段階では、直接は支援に活用できないものも含めて、利用者のストレングスをたくさん見つけてください。最初に「この人は、こんなに多くのストレングスを持っている」と確認することによって、それを前提に作成する計画も、ポジティブでプラス面に着目した計画になるはずです。まずは、利用者のストレングスをできるだけ多くあげてみる、それが一つ目のポイントです。

また、視点の転換もストレングスを考える際のポイントであると考えられます。例えば、「実習生にはすぐ甘える利用者」は「やってくれる人を見極めることができる人」になりますし、「事故で障害を持った経験」も「障害を持つつらさを知っている人」となります。ちなみに、後者の「ストレングス」を活かした手法の一つが、ピア・カウンセリングであるともいえます。特にアセスメント段階においては、ともすれば本人自身もマイナスと感じてきた部分も含め、支援者が発想を転換することにより「ストレングス」として利用者と共有することが大切であると考えられます。

さらに、ストレングスは、利用者本人（個人）に関するものだけではありません。利用者本人のストレングスに加えて、環境（人やもの、制度、情報など）のストレングスも重要な視点です。ストレングスは、利用者本人や環境の変化とともに変わる可能性があります。支援者は、常にストレングスを感知するアンテナを張っておく必要があるのです。

●利用者とのコミュニケーションが難しい！

重症心身障害の人や重度知的障害の人など、コミュニケーションが難しい利用者のニーズはどのように把握すればよいのですか。

確かに言語による発信が難しい利用者のニーズを把握することは容易ではありません。しかし、どんなに重度障害のある人や発語のない人でも、表情や態度で「快・不快」などの感情を表現しているのではないでしょうか。言葉によるコミュニケーションが可能な人に比べると時間はかかるかもしれませんが、じっくりと時間をかけて、その利用者の発信するサインを見つけることが大切です。家族や学校の先生等からの情報も大切な情報源として、生活場面のなかにある小さな変化に目を向けていくことが重要なのです。

ここで、「重度障害のある人たちのニーズを読み取れてこそ専門家である」と言ったら少し乱暴でしょうか。重度障害のある人の置かれている状況を考えてみましょう。上記のように、彼らのニーズは、あらゆる生活場面での慎重な「観察」によってやっと読み取れるものかもしれません。そして、あらゆる生活場面は、多種多様であればあるほど、彼らのニーズを読み取るチャンスが増えると思われます。しかし、その反面で、彼らは、障害が重度であるがために他の人たちよりも経験できる生活場面が少ないかもしれません。「あらゆる生活場面からニーズを読み取る必要のある重度障害のある人に、他の人の何倍も多種多様な経験のできる場面を準備できてこそ専門家である」というのは、やはり乱暴でしょうか。

コミュニケーション技術をテーマとしたセミナーなども行われています。そのような機会も積極的に活用し、どうしたら利用者のニーズを把握できるか悩み、模索する支援者であり続けていただきたいです。

カテゴリー❷
個別支援計画がうまくつくれない

●本人中心の目標設定ってどうすればいいの？

個別支援計画の目標が、どうしても他の利用者と似たものになり、また、職員側の視点での処遇計画になりがちです。きちんと個別性を意識した目標を設定していきたいのですが、そのポイントを教えてください。

質問には二つの課題が含まれていると考えられます。一つは、目標が類似したものになってしまうという課題、もう一つは、職員側の視点になってしまうという課題です。

まず、考えなければいけないことは個別支援計画が誰のものかということです。すでにおわかりのことと思いますが、個別支援計画は利用者自身のものです。他の利用者と似た計画になる、旧来の処遇計画や訓練計画のようなものになるという話はよく耳にします。そのような場合は、もう一度サービス等利用計画を確認し、利用者が望む暮らしに立ち戻ってはどうでしょうか。例えば、あなたの事業所の担う「部分」が利用者の「就労」であっても、なぜ就労という日中活動が充実するかといえば、利用者の暮らしという「全体」が充実していくことが支援の目的だからです。利用者の望む暮らしの実現に向けて、あなたの事業所が担えることを再検証することが大切です。

それでも他の利用者と同じような目標になってしまうのであれば、「手段」を目標としてしまっているか、事業種別の枠内で個別支援計画を考えてしまっている可能性があります。まず、前者では、「働いてお金を稼ぐ」や「身の回りのことが自分でできる」という目標が典型的ですが、何のために働くか、身の回りのことができるようになってどうしたいかなどは人によって違うはずです。手段ではなく「到達目標」として個別支援計画の目標を考えてみてください。また、後者では、個々別々の事業が従来通り自事業の枠内のみでの支援を継続していれば、サービス等利用計画に基づく個別支援計画という仕組みは形骸化してしまうと考えられます。例えば、就労継続支援事業であっても家庭での様子を気にかけることはできるし、月曜日の朝のミーティングで週末の過ごし方を報告する時間を持つことはできます。そのように各事業所が少し手を伸ばし合うことで、支援によって「部分」として分断されてきた（かもしれない）利用者の暮らしは「総体」として一つにつながることができるのです。

●入所施設利用者の個別支援計画

入所施設（施設入所支援）に勤務しています。利用者の重度化・高齢化に伴い、日々の変化があまりない状況です。そのようななかで新たなニーズの掘り起こし、個別支援計画を作成する難しさを感じています。入所施設においては、どのような視点で個別支援計画を考えていけばよいのでしょうか。

日々の変化があまりない状況は、施設入所支援が居住の場を提供する目的であることを考えれば、決して悪い状況ではないとも考えられます。逆に、居住の場が目まぐるしく変化するようであっては、落ち着いて生活することはできないからです。しかし、変化がないことによって居住の場が充実していないのであれば、安定した状況を維持しつつ、利用者の望む生活に向けた計画と支援が必要になると考えられます。

そういったことを踏まえて、入所施設における個別支援計画の視点ですが、利用者のなかに十分な選択肢があるかを考えてみることがヒントになるかもしれません。例えば「何かしてみたいことはありますか」という問いかけに、選択肢がなければ「特にない」と回答せざるを得ないと考えられます。例えば、ディズニーランドを知らない人からは「ディズニーランドに行きたい」という要望は出てこないということです。つまり、選択肢を持たない人に「望む暮らし」を問うことは、決して、自己決定を尊重した支援をしていることにはならないということです。

本文のなかでもエンパワメントについて解説している項がありますが、障害等によって経験が十分とはいえない利用者に「経験の機会」を提供し、彼らのなかに選択肢をつくること、彼らが選択する力（材料）を身につける支援もエンパワメントアプローチの一つであるといえます。特に、利用者が重度化、高齢化している状況にあるのであればなおさら、まずは支援者の考えるニーズ、その利用者の望みそうな状況で構わないので、楽しいと思える可能性のあることを経験する機会を提供することから始めてみてはいかがでしょうか。もし利用者のなかに十分な選択肢がないなら、利用者側からの発信は期待できない可能性が高いので、次の一歩は支援者の対応に委ねられていると考えられると思います。

●個別支援計画の様式って決まってないの？

個別支援計画の様式は定められたものがありますか。現在、事業所で使っている様式のままでよいのか、改善したほうがよいのかわかりません。良い様式はないのでしょうか。

個別支援計画の様式については、支援費制度の時代に国が例示した様式、障害者自立支援法になってからサービス管理責任者研修（国研修）等で示された様式はありますが、特に義務づけられているものではありません。

そのような前提を踏まえても、おそらく多くの事業所で使用している様式は、国が「例」として示した様式か、どこかの団体が例示した様式であると思われます。しかし、いずれにしても共通しているのは「他の誰かが作成した様式を使用している」ということ、また、多くの場合は、その様式を作成した人（あるいは団体）の説明を聞いた人が計画を立てているわけではないということではないでしょうか。そして、個別支援計画による支援のプロセスでは、サービス管理責任者が個別支援計画を作成し、直接支援を担当する職員が個別支援計画に基づいて日々の支援を提供します。つまり、様式の意味を十分に理解しているかが不確かなサービス管理責任者によって作成された計画に基づき、所属事業所の様式はおろか個別支援計画について十分に学ぶ機会を持たない支援員が日々の支援を提供している状況が大半ではないかと思われます。これでは、個別支援計画による一貫した支援は期待できません。

そこで、まずは現在の様式を材料として、内部職員研修（もしくは勉強会）を実施してはどうでしょうか。様式の各項目にはどんな意図があるのか、どのような内容を記載する必要があるのか、そして、支援者にとってだけでなく利用者にとってわかりやすい様式、内容になっているのかを検討してみましょう。そのような作業を職員集団として実施することで個別支援計画を共有することにもなりますし、できれば個別支援計画の様式を職員集団でつくり直す、つまり自分たちの様式を作成することができれば、計画を作成する立場、計画に基づき支援を提供する立場の職員が、自事業所の個別支援計画による支援に「制作者の一人」として参加することができます。何よりも、自事業所の利用者にとって有用な個別支援計画であることが最も重要であると考えられるのです。

|カテゴリー3|
個別支援計画どおりに支援できない

●個別支援計画のとおりに支援ができない！

個別支援計画作成のときは、利用者のニーズをきちんと把握したうえでつくったつもりですが、いざ支援する段階になると計画どおりにうまく支援できていないように思います。何か良いアドバイスをお願いします。

計画どおりに支援が進まない要因はいくつか考えられますが、大きく分けて、計画の課題と支援の課題が考えられます。

まず、計画の課題について、詳しくは他項に譲りますが、本人の望む生活を満たすためのニーズアセスメントができていない、本人の望む目標、つまり本人のたどり着きたい目標になっていないことが考えられます。これは、いずれも、計画が本人のものになっていないという課題ですので、個別支援計画は本人自身が望む生活に向かうことを支援する計画であるという観点に立った見直しが必要になります。そのうえで、支援内容は具体的であるか、また、支援内容にあげた支援をくり返し実践すれば半年後に短期目標、1年後に長期目標に到達することができるか、つまり十分な支援内容であるかを検討してみてください。

それでも計画どおりの支援ができないのであれば、支援あるいは支援体制の側に課題があるかもしれません。これもいくつかの可能性が考えられますが、個別支援計画による支援に携わる支援員が個別支援計画に書かれた内容を十分に理解していない、支援者集団として個別支援計画の内容を共有できていない、または、そもそも個別支援計画による支援の必要性を認識していないなどが考えられます。個別支援計画は、経験主義に基づく感覚的な支援ではなく、利用者個々の望む生活を計画的に支援するために必要不可欠な道具であるという認識を持ち、それぞれの事業所で使う様式に含まれる各項目、各要素の意味について共有することが必要であると思われます。

カテゴリー4
モニタリングや評価について知りたい

●モニタリングにおける視点は？

モニタリング段階で個別支援計画と支援の整合性がとれていないことがわかりました。モニタリングの際の留意点を教えてください。

モニタリングにおける視点や留意点は、基本的には個別支援計画作成時と共通しますが、まず利用者の望む生活（ニーズ）をきちんと聞き取れているかをもう一度確認する必要があると思います。そのうえで適切な目標が設定されているか、目標到達が可能な支援内容になっているかという、個別支援計画作成の一連のプロセスを検証する作業が必要でしょう。そのうえで、目標を含む個別支援計画自体を見直す必要があるのか、支援の方法を変更する必要があるのかを判断することになります。また、利用者本人に過度の負担がかかっていないか、支援者側の考える計画、例えば訓練計画になっていないかということも大切な判断材料です。それらをもとに、もう一度、個別支援計画について見直す必要があるでしょう。

以上は、個別支援計画の側に課題がある場合ですが、質問にあるように計画と支援の整合性がとれていないのであれば、計画を実行する支援の側に課題があることも考えられます。計画自体には、本人の望む生活に基づき、具体的で実現可能な目標が設定され、それを実現するための支援内容が含まれていたとしても、計画に書かれた内容を実際に遂行することができなければ、目標に到達することはできません。もし支援の側に課題があるとすれば、それは個々の支援を担当する支援者のスキルの課題であるのか、支援者同士の共通理解や連携の課題であるのか、あるいは支援者の所属する事業所としての課題であるのか、または他の社会資源との連携の課題であるのか、その辺りも視野に入れながら評価、分析することもモニタリングの重要な視点となります。モニタリングに際しては、計画作成時と異なり、すでに支援をしてみて状況がどう変化したのかという「実績」がありますから、それらも材料として十分に活用しながら、関係者による個別支援会議を開いて整理することが必要であると思います。

●個別支援計画の評価方法がわからない！

個別支援計画についてどのように評価していけばよいかがよくわかりません。現在は、効果的な良い評価指標がなく、試行錯誤しながら評価している状況です。良い評価指標や方法があれば教えてください。

個別支援計画書について、最も重要な評価は、1年間あるいは半年間の支援を経て、あらかじめ設定された目標に本人が到達しているか否かです。個別支援計画は、このような支援を提供していきますという内容を示し、本人（または後見人や家族）が同意する、いわば「契約書」という意味がありますので、まずは契約書に示された到達目標が達成されたのか否かを評価しなければなりません。そして、もしも目標が達成できなかった場合、本人あるいは環境によほど想定外の落ち度がなければ、支援者には謙虚な姿勢が求められるでしょう。その原因として、見立ての甘さ、計画の不備、支援の不十分などが考えられるからです。また、目標による評価を具体的にするためには、個別支援計画の目標を具体的に「到達点」として評価できるものにしておく必要があります。

その他に、支援の内容や経過といったプロセスの側面、当初の目標には掲げられていないが本人の得た副産物、本人の満足度などの評価指標が考えられます。いずれも詳細かつ具体的に評価し、可能な限り本人と一緒に評価することが大切であると考えられます。どうすれば良かったのか、どこに課題があったのか、何が必要だったのかといった評価の作業を本人と一緒に行うことで、その評価プロセスそのものが次年度の個別支援計画につながっていくからです。

| カテゴリー5

利用者本人や家族への対応

●利用者本人に寄り添う支援

向上や変化への意欲があまりない利用者への支援について、何か良いアドバイスはありませんか。

まず前提として「意欲がない」と考えるのではなく、意欲を持って生活していくための生き甲斐となるような選択肢を持てていないと考えるべきでしょう。私たちは、成長する過程で、努力した結果として何かを得る、あるいは（身近な）誰かが努力して何かを得ることを見て経験しながら、努力による向上や変化を選択肢として位置づけることができるようになるのではないでしょうか。あなたの支援する利用者には、これまでの人生において、自分で経験する、あるいは自分に近い誰かをライフモデルとする経験が十分にあったでしょうか。もしかしたら、利用者は「障害」によって失敗や成功も含め十分に経験を積んでおらず、また「障害」によって、自分を重ね合わせるようなライフモデルを十分に持っていないかもしれません。選ぶ力つまり選択肢をつくることもエンパワメントの重要な側面ですから、さまざまなことを経験する機会をつくることを考えてみてはいかがでしょうか。

また、個別支援計画の効果（メリット）が利用者に伝わっていないことも考えられます。従来の支援は、法律や制度その他で規定された枠内で提供され、特に「本人の望む生活に向けて計画的に提供されるもの」ではありませんでした。しかし、個別支援計画は、本人の望む生活の実現を到達点とし、それを計画的に実現する、そのプロセスを事前に示す「契約書」です。個別支援計画が、本当に「私の望む生活」を実現するものであると認識されたとき、利用者の意欲も高まっていくのではないでしょうか。その意味でも、最初は支援者の与える機会であっても、利用者が、自分の生活は変化し向上するという実感を経験する機会、利用者のなかに選択肢やモチベーションが生まれる機会は非常に重要であると考えられます。

●家族の意向をどのように考えるか

　本人の思いと家族の意向が違う場合がよくあります。この場合、両者の意見をどの程度取り入れればよいのでしょうか。

　原則的には、利用者本人の生活に関する計画ですから、本人の意向が最優先されます。しかし、利用者が児童の場合や重度のコミュニケーション障害のある場合などは、本人のニーズを大きく変えないということが大前提になりますが、家族の意向も勘案する必要があると思います。また、本人と家族の意向が全く異なる場合もあるかと思います。例えば、施設で生活している本人は地域生活を望んでいるが、家族は心配で、現状の維持を望んでいるような場合です。その場合、個別支援計画は本人のものだからといって、家族の意見をすべて否定することはできません。それは、家族を優先するということではなく、他ならぬ本人にとって、本人のことを心配してくれる家族は、最も大切な環境（社会資源）の一つであると考えられるからです。

　それでは、家族はどうしたら本人の意向を尊重して、誰よりも強力な協力者となってくれるでしょうか。それ以前に、なぜ家族は、わが子が成人してもなお、本人の意向に反対するほどに心配しているのでしょうか。エンパワメントの理論基軸のなかに「障害者は、社会によって障害者にさせられてきたことを考える」という視点があります。同様に、障害者の家族は、これまでの経験のなかで「障害者の家族」にさせられてきたのではないでしょうか。先の例で、入所施設からの地域移行に反対する家族は、これまでずっと家族が本人を守ってきて、やっと入所できた施設を出ることに非常に大きな不安を感じているのかもしれません。つらい経験によってつくられた不安は、大丈夫だという経験によってのみ上書き（払拭）されると思います。例えば地域移行であれば、自立訓練棟やグループホームの体験など、家族が「大丈夫だ」と実感する経験をつくりながら、家族とともに、本人の望む生活の実現に向かっていく必要があるのです。

カテゴリー❻
職場環境や職員間の連携に困っている

●職員に大きな負担がかかっている！

個別支援計画作成に時間がかかってしまう現状があります。管理者として、利用者にとっての個別支援計画の重要性は理解しているのですが、職員にあまり過度の業務負担を負わせるわけにもいかず悩むところです。何か良いアドバイスをお願いします。

利用者一人ひとりの個別支援計画について、じっくり時間をかけて作成することは、決して悪いことではありません。しかし、計画の作成に著しく時間を取られ、サービス管理責任者に過度の負担がかかってしまうことは確かに望ましい状況とはいえません。管理者として、個別支援計画の作成プロセスのうち「何に時間がかかっているのか」を整理し、その課題について手立てを講じる必要があると思われます。

例えば、サービス管理責任者だけに計画作成の負担がかかっている、個別支援計画作成のために実施される個別支援会議に時間がかかっている、個別支援計画の作成に慣れておらず悩んでしまい時間がかかっているなどが考えられます。それぞれ、サービス管理責任者だけに負担がかかっているのであれば、主任や担当者に計画案の作成を依頼しサービス管理責任者が集約する、個別支援会議については事前に論点を提示し、準備した意見や情報を持ち寄って会議を実施するなどが考えられます。また、個別支援計画の作成には、思い切って講師を招いて内部職員研修を実施する、個別支援計画の作成にかかるスーパービジョンを依頼するなども考えられますが、個別支援計画の作成に関する課題は、どこの事業所も共通して抱えている課題だと考えられますので、地域協議会主催で研修会を実施するという方法も有効かもしれません。

個別支援計画の導入以前は、現場職員から「一生懸命やっているが、自分の支援が有効なのか確認することができない」という声が聞かれ、それが職員のバーンアウトの一因になるとも考えられました。個別支援計画による支援がしっかりと機能すれば、計画に基づいて支援が提供され、その成果が「利用者の目標達成」という形で得られることになり、支援者側にとっても、自分の仕事の成果を確認する手立てにもなりますので、管理者として、サービス管理責任者を筆頭に職員集団が自信を持って支援の仕事に従事できる環境を調整していかれることを期待しています。

●職員間の連携がうまくとれない！

職員間の情報共有や支援における連携がうまくできていません。どうすれば情報共有や連携がうまくいくのかアドバイスをお願いします。

職員間の情報共有は、個別支援計画に限らず、支援の業務を遂行するうえで非常に重要な要素です。しかし、多くの事業所において、きちんと情報が共有されていない、日常的に直接支援業務などに追われて、ゆっくりと利用者の情報を共有する時間自体が取れないというのが現実でしょう。しかし、支援者集団として情報を共有することが質の高い支援の前提であるなら、十分な情報共有なしに支援が提供されている現状は、質の高くない支援業務に追われているということになってしまいます。

特に個別支援計画による支援では、利用者ニーズや目標に対応する実際の支援内容が漏れなく提供されることで本人の望む生活を実現することを想定していますので、計画の実施を担う各職員が共通理解を持ち、それぞれに役割を果たし、有機的に連携することが必要不可欠であると考えられます。具体的な方法としては、個別支援計画の「支援内容」部分に主担当職員の名前や連携の具体的な方法を明記するのも一つですし、計画の作成段階から、支援を担う職員に意見聴取を行いながら計画を作成する、つまり計画の作成段階から参画していただくのも一つの方法だと考えられます。また、モニタリングの際に、個別支援計画に明記された職員に聞き取りを実施する（そのことを事前に伝えておく）ことも有効かもしれません。

個別支援計画を作成したものの、計画をみるのは半年後のモニタリングと年度末の評価の2回のみという状況を耳にすることもあります。個別支援計画を作成すること自体は手法であり、目的ではないのですから、ケース会議の際は個別支援計画を必ず参照する、職員間の日常の情報伝達は個別支援計画に基づいて行うなど、常に個別支援計画を念頭に支援を実践し、取り立てて「個別支援計画の内容を共有する時間」を別に取る必要のない状況をつくることが重要であると思われます。

|カテゴリー7|
職員がスキルアップするには

●職員のスキルに差があります！

　　個別支援計画について職員のスキルに差があり、利用者ニーズや目標をうまく共有できません。職員のスキルアップのための良い方法を教えてください。

　　個別支援計画に限らず、職員間でスキルに差があるということは、どこの事業所でも同じようなことがいえますし、入職の経緯や経験年数によって差が生じることは当然のことかもしれません。問題は、スキルに差のある職員が利用者ニーズや目標を十分に共有しないまま日常の支援が提供されていること、また、その状況に対して手当てがないことであると考えられます。支援の中心は、あくまでも利用者の望む生活です。職員のスキルに差があるという支援者側の状況を、そのまま利用者への支援に反映してはならないと考えられます。

　質問には「利用者ニーズや目標をうまく共有できない」とありますが、ここには二つの課題が含まれていると考えられます。一つは、ニーズや目標を理解しにくいという課題、もう一つは、職員集団としてニーズや目標を共有しにくいという課題です。前者は、個別支援計画に関する知識やスキルの差と考えられますが、後者は、職員集団がチームで支援する利用者のニーズや目標を共有することは個別支援計画に限らず重要なことですから、チームアプローチの基本であると考えられます。まず、後者に関する共通理解を得ることが必要かと思います。

　そのうえで、個別支援計画による支援に関するスキルの差ですが、経験の浅い職員も参画して個別支援計画を作成し、モニタリングを実施すること、また、サービス管理責任者や相談支援従事者研修を含む外部の研修会に参加した職員がいれば、研修内容を材料に事業所内勉強会を開催すること、さらに、外部講師を招聘して職員研修会を実施することなどで、個別支援計画に関する理解をサービス管理責任者など一部の職員にとどめない方向の実践が必要になると思います。例えば「利用者ニーズ」や「目標」について、職員間で理解が異なるかもしれません。上記の実践を通じ、また日頃のOJTやケース会議において、意味の共通する「共通の言語」を職員が使うことが重要であると考えられます。

●スーパービジョンをしてほしい！

　私の事業所は、開設して日が浅く個別支援計画について指導・助言してくれる職員がいません。自分のスキルアップのためにどのようにすればよいか教えてください。

　個別支援計画の作成は、一人の担当職員が担うには非常に責任の重い業務です。そのため、職場内に指導・助言（スーパービジョン）してくれる上司・同僚がいないことは不安に感じるかもしれません。しかし、どんなに経験のある職員が作成したとしても個別支援計画に正解はありません。利用者の微妙な変化を感じ取りながら、利用者とともに望む暮らしをつくり上げていくしかないのです。利用者も、ともにつくる個別支援計画を望んでいるはずです。

　そのうえで、支援に関する指導・助言やスキルアップについてですが、新しい事業所に限らず、日本では職場内のスーパービジョンが普及していないのが実情といえそうです。数年前に実施された日本ソーシャルワーカー協会の調査では、スーパーバイザーを職場外に個人レベルで得ており、スーパーバイザーは大学教員が多いという報告があります。その主な原因は、スーパービジョンについて学ぶ機会が少ない、スーパービジョンがソーシャルワークの専門技術として認められていない、スーパービジョンの必要性を事業所として認識していないなどが考えられます。しかし、個々の職員が専門性を向上することは事業所にとっても必要不可欠な課題であり、スーパービジョンの必要性を事業所が承認し、スーパービジョンを「業務」として位置づけるべきであると考えられます。

　当初、ソーシャルワークや障害者福祉を専門とする大学教員などにスーパービジョンを依頼することは仕方のないことかもしれません。しかし、いずれは職場内でスーパービジョンを実施することが望ましいのですから、大学教員には、個別支援計画による支援の実際の事例を使ってスーパービジョンを実施してもらい、いずれそれを担うべき立場の職員には、スーパービジョンという専門技術を学ぶ姿勢が求められます。専門性の向上は、ここの職場で手際良く業務をこなす「慣れ」とは全く次元が違います。ベテランも新人も専門性を向上できる現場を目指してください。

カテゴリー8
社会資源との連携

● どうやって連携するの？

就労移行支援事業所の職員です。業務上、社会福祉領域以外の機関との連携が重要だと思っているのですが、日頃の業務が忙しく思うようにいきません。どのようにすれば、そのような機関とうまく連携していけるようになりますか。

まず、日頃から地域のいろいろな企業や機関とお付き合いしていくことが大切ではないでしょうか。商工会の行事や地元のお祭りなど地域のイベントにはできるだけ参加して「顔つなぎ」をしていくことが大切です。例えば、職場実習を受けてほしい、就職活動に関する相談に乗ってほしいといった「こちら側からのお願い」の時に初めて顔を合わすよりも、日常的な場面で顔を合わせていることが連携の下地になると考えられます。

ここで「連携」とは何かをもう一度考えてみましょう。もし、あなたの考える連携が、困ったことを相談する、自事業所だけで担えない課題（例えば実習やトライアル雇用など）を依頼することだとすれば、それは連携ではなく「お願い」です。一度くらいは引き受けてもらえるかもしれませんが、一方的なお願いは、相手の本来業務と重ならない限り継続は難しいでしょう。つまり、連携は、必ずギブ＆テイクでなければ続かないということです。そして、可能ならば、あなたからのギブ（与える、貢献する）が先であることが望ましいと思います。その意味でも、先にあげた商工会や地域のイベントに積極的に協力することは有効であると考えられるのです。まずは、連携したい相手の喜ぶことを率先して実践しましょう。

また、障害者の就労移行を進める際にありがちな（順序の）間違いですが、障害者就労の受け入れを検討している段階の一般企業に「まずは障害についての勉強」を求めてしまうことがあります。もちろん障害についての理解は、障害者就労にとって不可欠です。しかし、検討段階でそれを求めれば求めるほど、企業側は、難しい、やはり障害者雇用のハードルは高いと感じてしまうのではないでしょうか。まずは企業側のメリットを十分に説明し、雇用を前提とした相談の段階で、障害についての理解を対応の方法も含めともに検討していくことが必要ではないかと思います。「就労」という本人の望むアウトカムを獲得するために、障害者就業・生活支援センターとも連携しながら、就労移行支援に取り組んでいただきたいです。

● 他の障害福祉サービス事業所との連携がうまくいかない！

私の地域には、いくつかの障害福祉サービス事業所がありますが、あまりかかわることがありません。利用者の生活を考えると事業所間でもっと連携すべきではないかと思いますが、なかなかきっかけがなく、前に進みません。何か良いアドバイスがあればお願いします。

まず、障害のある人たちの生活支援では、相手がサービス提供事業所であるかそれ以外であるかは別として「連携」は必須になると考えられます。その大きな理由は二つあり、一つは、すでに第5章第1節でもふれられていますが、私たちが単なる一場面、一側面ではなく生活や人生全体の支援、つまりソーシャルワークとして支援を提供しようとするとき、支援のありようによってその人の生活を分断してはならないからです。それを制度上手当てしたのが、サービス等利用計画とそれに基づく個別支援計画による支援であると考えられます。

また、本書において一貫して大切にしてきた「本人の望む生活」から支援を始めようとすれば、多かれ少なかれサービス提供事業所は必ず連携せざるを得ないと考えられます。つまり、本当の意味で本人の望む生活は「本人」の数だけあり、それに対応する支援をあらかじめすべて準備しておくことは不可能である以上、それに対応するには、①一人ひとりに合わせた支援プログラムを創出し続けるか、②自事業所で対応できない部分を担ってくれる相手と連携するか、③それができる事業所に移ってもらうかしかありません。現実問題として①には限界があり、③を選ばずに自事業所で支援し続けることを想定すれば、連携なくして本人の望む生活に寄り添った支援はできないといっても過言ではないと思います。

では、どのようにして連携を進めていくかですが、まずは自分自身の支援の質を向上するために連携してほしいという主旨で手を伸ばすこと、そして、もしも相手が社会福祉領域の専門職であれば、かかわる場面やかかわり方は異なっても、ともに生活を支援するソーシャルワーカーであるという職責とプライドを共有することが必要であると思います。また、丸投げ（お任せ）と連携は違います。一人の利用者にかかわる複数の専門職が「私の利用者の生活を充実するために連携する」という意識と責任を持って手を伸ばし合うことで、本人の望む生活へ向かう支援は動き始めるのだと思います。

協議会その他のネットワークも駆使してソーシャルワークについて学ぶ機会をぜひつくり、ともにソーシャルワークの専門性を向上していただきたいです。

「個別支援計画」作成および運用に関する研修会
～誰もが生き甲斐を感じて暮らせる社会を実現させるために～
【日　程　表】

	時間	テ　ー　マ	内　　　容
1日目	9：30	開講式	
	10：00	【講義】 「個別支援」とは何か？ 谷口明広	サービス等利用計画と個別支援計画に基づく「個別支援」の在り方について、ストレングスやエンパワメントの視点や手法を重視し、生活モデル（生活支援）の立場から学ぶ。
	11：15	休　憩	
	11：25	【講義】 本人中心の支援とは何か？ 小川喜道	本人中心の支援計画（パーソン・センタード・プランニング）について、本人の望むアウトカム（結果）に着実に向かうための支援には何が必要かを学ぶ。
	12：25	昼食タイム	
	13：15	【講義】 個別支援計画作成のプロセス 小田島 明	サービス等利用計画の確認から個別支援計画の作成に至るプロセスについて、いくつかの様式やニーズ整理表（補助的道具）の活用事例も紹介しながら実践的に学ぶ。
	14：30	【移動】 会場移動とグループ親睦	講義会場から演習会場へ移動し、グループごとに自己紹介や名刺交換等をし、グループメンバーを確認する。
	14：45	【演習ガイダンス】 進め方と事例と様式の確認	演習の流れや意図、使用する様式について説明する。また、演習で使用する事例の読み合わせを行う。
	15：05	【グループ討議①】 本人の望む生活と本人の状況	まず個人で事例及びアセスメントシートを読み込み考えを整理した後、本人ニーズと支援の方向性についてグループで議論する。
	15：45	【講義】 「ニーズ論」の解説 谷口明広	「ニーズ」を単に本人の希望やその断片ととらえず「本人が真に求めているもの」ととらえ、ニーズの構造及びリアルニーズを探求するプロセスについて学ぶ。
	16：00	【グループ討議②】 本人ニーズと支援の方向性	本人の望む暮らしとは・・・。ニーズ論の解説を踏まえ、本人ニーズと支援の方向性について再度グループで議論する。
	16：35	休　憩	
	16：50	【グループ発表①】 本人ニーズと支援の方向性	本人ニーズと支援の方向性について、グループ討議の経過も交えて発表し、講師が質問及びコメントする。
	17：30	【グループ討議③】 本人ニーズの再整理	各グループの発表及び講師コメントを踏まえ、本人ニーズを再整理する。また、それに基づき支援の方向性を再吟味する。
	18：00	ナイトセッション	事前提出課題を参考に、「個別支援計画」にまつわる各テーマ、現状や課題について講師を交えて意見交換する。
2日目	9：00	【グループ討議④】 サービス等利用計画の作成	本人の望む暮らしの全体像をイメージし、本人ニーズ及び支援の方向性に沿った「サービス等利用計画書」を作成する。
	11：30	昼食タイム	
	12：20	【グループ発表②】 サービス等利用計画	サービス等利用計画書及び週間計画表について、グループ討議の経過も交えて発表し、講師が質問及びコメントする。
	13：05	【グループ討議⑤】 サービス等利用計画書の修正	各グループの発表及び講師コメントを踏まえ、サービス等利用計画書に赤ペンで修正を加える。
	13：35	【グループ討議⑥】 個別支援計画の作成	グループで作成したサービス等利用計画書に基づき、計画に配置された何らかの事業所を想定して「個別支援計画」を作成する。
	15：05	休　憩	
	15：20	【グループ発表③】 個別支援計画	個別支援計画書について、グループ討議の経過も交えて発表し、講師が質問及びコメントする。
	15：50	講師総括コメント	研修全体を通して、総括的なまとめをする。

※カリキュラムは都合により変更となる場合があります。

おわりに

　本書を読んでいただき、どのような感想を持たれましたか。「本人中心の支援計画」についてご理解いただけましたか。

　本書には、いくつかの「確認」と、いくつかの「ヒント」が示されています。確認とは、「はじめに」で述べられている原点回帰について、「回帰する原点がどこなのか」を明らかにすることです。そこで、第1章では「支援計画」の理念的位置づけを確認しており、第2章では「基本的な視点」としてのキーワードを取り上げ、その意味を確認しています。さらに第5章では、計画作成に携わる人のスキルなども確認しています。

　これらの確認により、支援計画を作成する作業の意味と重要性をあらためて認識していただけたならば幸いです。私たちが読者に伝えたいことの大半は、これらの「確認」でした。

　それでは、理念やキーワードを確認できれば、すぐに本人中心の支援計画が作成できるのかというと、なかなかうまくはいきません。そこで、作成に際して注意するポイントと、計画を形にしていくための工夫が「ヒント」として第3章以降に述べられています。

　だだし、これらの「確認」や「ヒント」だけでは、支援計画の作成に有効だとはいえません。目前にいる利用者の思いに寄り添い、理解しようとする皆さんの「ともに思考する姿勢」があって初めて有効となるものです。つまり、ほかの誰でもなく、利用者が「計画」に希望を抱き、喜んで実行してくれるような計画作成を考えようとする姿勢が必要なのです。

　パターンにはまった支援を繰り返すと、支援者の思考が停止し、必要な技量や価値を損なうことになります。支援計画の作成や実施において、考えることを続けていけば、支援者としての技量が向上するだけではなく、支援者自身の生きる価値観にも良い影響が生まれてくるものです。まさに、この仕事の醍醐味が、このポイントにあると思うのです。

　本書には、皆さんが思考を続けるためのヒントがたくさん含まれています。すべてのヒントが、皆さんの実践となじむとは限りませんが、読み方や利用方法は皆さんの自由です。支援に困ったとき、計画作成に行き詰まったとき、

アイデアが浮かばないときなどに開いてみてください。きっとあなたらしい本人中心の支援計画を生み出すことができることでしょう。

小田島 明

著者一覧 (五十音順)

小川喜道 ●神奈川工科大学創造工学部教授
➡第1章 第3節

小田島明 ●国立障害者リハビリテーションセンター自立支援局伊東重度障害者センター所長
➡第3章、第4章

武田康晴 ●京都華頂大学現代家政学部准教授
➡第5章 第1節／第6章

谷口明広 ●愛知淑徳大学福祉貢献学部教授
➡第1章 第1・2節／第2章／第5章 第2節

若山浩彦 ●公益財団法人日本障害者リハビリテーション協会全国障害者総合福祉センター（戸山サンライズ）養成研修部養成研修課課長
➡第6章

障害のある人の支援計画
望む暮らしを実現する個別支援計画の作成と運用

| 2015年 1月10日 | 初　版　発　行 |
| 2022年 4月20日 | 初版第7刷発行 |

著　者　谷口明広、小川喜道、小田島明、武田康晴、若山浩彦
発行者　荘村明彦
発行所　中央法規出版株式会社
　　　　〒110-0016　東京都台東区台東3-29-1 中央法規ビル
　　　　TEL03-6387-3196
　　　　https://www.chuohoki.co.jp/

装幀・本文デザイン　　ケイ・アイ・エス
印刷・製本　　　　　　西濃印刷株式会社
ISBN　978-4-8058-5096-1

本書のコピー、スキャン、デジタル化等の無断複製は、著作権法上での例外を除き禁じられています。また、本書を代行業者等の第三者に依頼してコピー、スキャン、デジタル化することは、たとえ個人や家庭内での利用であっても著作権法違反です。
定価はカバーに表示してあります。落丁本・乱丁本はお取り替えいたします。
本書の内容に関するご質問については、下記URLから「お問い合わせフォーム」にご入力いただきますようお願いいたします。
https://www.chuohoki.co.jp/contact/